Herbert Marcuse
Nachgelassene Schriften

Herbert Marcuse
Nachgelassene Schriften

Band 2: Kunst und Befreiung

Herausgegeben und mit einem Vorwort
von Peter-Erwin Jansen

Einleitung
von Gerhard Schweppenhäuser

Aus dem Amerikanischen
von Michael Haupt
und Stephan Bundschuh

Die *Nachgelassenen Schriften* von Herbert Marcuse
werden mit freundlicher Genehmigung von Peter Marcuse,
dem Nachlaßverwalter, veröffentlicht.

Erste Auflage 2000
Dietrich zu Klampen Verlag GbR
Postfach 19 63, D-21309 Lüneburg
© für die deutsche Ausgabe bei zu Klampen Verlag
© Titelfoto: Isolde Ohlbaum

Druck: Clausen & Bosse, Leck
Umschlagentwurf: Groothuis & Consorten, Hamburg

Die Deutsche Bibliothek – CIP-Einheitsaufnahme:

Marcuse, Herbert :
Nachgelassene Schriften / Herbert Marcuse. Hrsg. v. Peter-Erwin Jansen.
Aus dem Amerikan. von Michael Haupt und Stephan Bundschuh. -
Lüneburg : zu Klampen

Bd. 2. Kunst und Befreiung /
Einl. von Gerhard Schweppenhäuser. - 1. Aufl. - 2000
ISBN 3-924245-84-3

Inhalt

Vorwort von Peter-Erwin Jansen   7

Einleitung. Kunst als Erkenntnis und Erinnerung
Herbert Marcuses Ästhetik der »großen Weigerung«
von Gerhard Schweppenhäuser   13

Abbildungen   41

Kunst und Politik im totalitären Zeitalter
Einige Bemerkungen zu Aragon   47

Kunst in der eindimensionalen Gesellschaft   71

Musik von anderen Planeten   87

Kunst als Form der Wirklichkeit   95

Zur Kritik an der Politisierung der Kunst
Briefe an die Gruppe der »Chicago Surrealists«   109

Kunst und Befreiung   129

Notizen zu Proust   151

Lyrik nach Auschwitz   157

Vorwort

Um Mißverständnissen vorzubeugen: Herbert Marcuse hat sicher keine geschlossene ästhetische Theorie verfaßt. Es läßt sich dennoch zeigen, daß Probleme der Ästhetik in Marcuses Denken einen wesentlichen Stellenwert einnehmen. Beispielhaft seien hier zwei Passagen aus *Triebstruktur und Gesellschaft* (1955) und *Der Eindimensionale Mensch* (1964) angeführt. In ersterem lautet die Überschrift des neunten Kapitels: »Die ästhetische Dimension«. Hier verdeutlicht Marcuse, welche emanzipatorischen Potentiale die Kunst birgt. Die ästhetische Disziplin richtet »die Ordnung der Sinnlichkeit gegen die Ordnung der Vernunft auf«.[1] Unter dem repressiven Realitätsprinzip und unter der »Vorherrschaft des Rationalismus« wurden die Möglichkeiten und Fähigkeiten unserer Wahrnehmung sowie deren Werte »heimatlos«. Phantasie und Einbildungskraft sind verkümmert. Sie haben ihren transzendenten Stachel eingebüßt. Doch die Kunst, so hofft Marcuse und so lautet sein Anspruch an die Kunst, »fordert das geltende Realitätsprinzip heraus«.

Auch im *Eindimensionalen Menschen* spielt die ästhetische Dimension eine wichtige Rolle. Der veränderte Charakter der Kunst wird vor dem Hintergrund der Massenkultur der spätkapitalistischen Gesellschaft analysiert. »Die absorbierende Macht der Gesellschaft höhlt die künstlerische Dimension aus, indem sie sich ihre antagonistischen Inhalte angleicht. Im Bereich der Kultur manifestiert sich der neue Totalitarismus gerade in einem harmonisierenden Pluralismus, worin die einander widersprechenden Werke und Wahrheiten friedlich nebeneinander koexistieren.«[2] Noch in dieser äußerst pessimistischen Tendenzbeschreibung massenkultureller Veränderung hält Marcuse an dem fest, was ihn auch von Vertretern einer marxistischen Ästhetik unterscheidet: Es sind die idealistischen Potentiale, die Marcuse in den großen, »authentischen« Kunstwerken – selbst der bürgerlichen Kultur – als Momente der Befreiung entschlüsselt und bis in seine späten Schriften hinein verteidigt. Kunst muß sich die Fähigkeit zur Transzendenz bewahren, darf die Spannung zwischen dem Wirklichen und dem Möglichen nicht aufgeben. Da wir nie in der besten aller möglichen Welten leben werden, bleibt der Kunst diese wichtige Zwischenposition erhalten. Engagiert sie sich für die Herrschaft, gleich ob demokratisch legitimiert oder sozialistisch erkämpft, steigt Kunst zur bloßen Weltanschauung herab. Ohne Einschränkung spricht sich Marcuse 1974 in einem Vortrag in Bremen gegen ein solches Engagement aus: »Revolutionäre Kunst kann sehr wohl zum Volksfeind werden.«

Will Kunst ihr subversives Potential vor der Indienstnahme durch die Politik schützen, so muß sie sich gegen die Zerstörung der ästhetischen Form und vor der Entwertung allgemeiner Werte zur Wehr setzen. Kunst besitzt nach Marcuse nicht als Anti-Kunst einen subversiven Charakter, sondern in ihrer ursprünglich ästhetischen Form. Hier erweist sich »Schönheit als sinnliches Erscheinen der Idee der Freiheit«. Kunst im emphatischen Sinne Marcuses »ist dank ihrer subversiven Qualität mit revolutionärem Bewußtsein verknüpft ... Wo das Proletariat nicht revolutionär ist, kann die revolutionäre Literatur keine proletarische Literatur sein.«[3]

In einigen kritischen Kommentaren zur Studentenbewegung, so in *Versuch über die Befreiung* (1969), *Konterrevolution und Revolte* oder *Kunst und Revolution* (beide 1972) hat Marcuse herausgearbeitet, was er als den in der marxistischen Theorie vernachlässigten »subjektiven Faktor« bezeichnete. Begriffe wie »neue Sensibilität«, »vitale Bedürfnisse der Individuen«, »Sinnlichkeit«, »Emanzipation der Sinne«, »Stärkung des Lustprinzips« stehen fast immer im Zusammenhang mit der ästhetischen Dimension und dem, was Kunst leisten sollte.

In *Die Permanenz der Kunst* (1977) verteidigt Marcuse noch einmal das utopische Potential der Kunst gegenüber »einer bestimmten marxistischen Ästhetik«. Was Marcuse tief beunruhigte war das rasche, fast fanatische Aufgehen der Kunst in der Politik des real-existierenden Sozialismus. Scharf kritisiert Marcuse die Propaganda-Kunst und arbeitet deren autoritär-affirmative Züge heraus.[4] Diese «engagierte« Kunst habe alle emanzipatorischen Momente verloren, weil sie die Differenzen zwischen Kunst und Leben zementiert. Kunst verweigere sich aber jeder Stillstellung, sie verneige sich nicht vor den Sachzwängen der Politik.

Schon in seinem programmatischen Aufsatz «Über den affirmativen Charakter der Kultur« (1937) ist Marcuses Auseinandersetzung mit Ästhetik und Kunst immer auch Kritik an der herrschenden Ideologie. Er zeigt, wie und unter welchen Bedingungen aus dem Widerspruchscharakter und der »rebellischen Idee« der Kunst eine Legitimationsfolie für Herrschaft entsteht. Kunst übernimmt in dem Falle die Funktion, den Menschen im Bestehenden dauerhaftes Glück und Vollkommenheit vorzugaukeln. Das Glücksversprechen der Kunst wird zur gesellschaftlichen Lüge. Die »rebellische Idee« der Kunst wird zum Hebel der Rechtfertigung der bestehenden Ordnung. »In der affirmativen Kultur wird sogar das Glück zu einem Mittel der Einordnung und Beschneidung.«[5] Hintergrund dieser Argumentation war die Erfahrung der repressiven Rolle, die Kultur und Kunst im Nationalsozialismus spielten. Zahlreiche Künstler versöhnten sich schnell mit der entwürdigenden Realität. Einen davon kritisiert Marcuse explizit und beispielhaft. Er zitiert: »Ebenso wie der Sieger die Geschichte schreibt, das heißt seinen Mythos schafft, bestimmt er, was als Kunst zu gelten hat«.[6] Diese von Marcuse als »zynische Andeutungen« benannten Äußerungen stammen von Ernst Jünger.

Indem die Nationalsozialisten Kunst in den Dienst ihrer Blut- und Bodenideologie stellten, beseitigten sie die transzendierenden Momente der Kunst, deren Prinzipien zu den herrschenden Normen im Widerspruch standen. Eine Kunst aber, »die an eine Welt angepaßt wurde, die ihren Versprechen feindlich gegenüber steht, ändert ihren Inhalt und ihre Funktion: Sie wird selbst zum Repressionsmittel.« [7]

Worin sich Marcuse von dieser Einschätzung aus dem Jahr 1942 bis in seine späten Schriften treu bleiben wird: Er erinnert an die emanzipatorischen Potentiale der Kunst und an deren Fähigkeit zur Transzendenz. »In der Schönheit des Kunstwerks kommt die Sehnsucht einen Augenblick zur Erfüllung: Der Aufnehmende empfindet Glück.« [8]

Aber nur wer einen Begriff von Freiheit hat, wird in der Lage sein, die Fesseln der Unfreiheit zu sprengen. Darüber müssen sich die Menschen mit ihren Erfahrungen und mit ihrem historischen Hintergrund verständigen. Einige der Grundlagen dieses Verständigungsprozesses, die Inhalte der Freiheit, die dem Charakter der authentischen Kunst inhärent sind, hat Marcuse in seinem Werk auszuloten versucht. Er hat die Tendenzen aufgezeigt und analysiert, die den Möglichkeiten der Befreiung entgegenstehen. Indem Kunst die Verhältnisse transzendiert, revolutioniert sie auch die Erfahrung der Individuen. Dies kann sehr wohl zur Veränderung der bestehenden Verhältnisse führen.

Der nun vorliegende zweite Band einer Auswahl von Arbeiten aus dem Nachlaß Herbert Marcuses versammelt Texte zur Ästhetik. Die Beiträge sind aus den Jahren 1945 bis 1977. Im Marcuse-Archiv der Stadt- und Universitätsbibliothek Frankfurt am Main finden sich außerdem zahlreiche Aufzeichnungen und Anmerkungen zu Fragen der Kunst aus den Jahren 1968-1978. Es sind nicht ausformulierte Vorlesungsskizzen, meist mit Spiegelstrichen versehene und nur mit einigen Stichworten strukturierte Konzepte. Diese Art der schriftlichen Vorbereitung seiner Vorlesungen ist typisch für Marcuse.

Ein Teil der Beiträge ist in englischer Sprache erschienen, ein Teil bisher unveröffentlicht. Mit Ausnahme des Aufsatzes »Kunst und Politik im totalitären Zeitalter« erscheinen alle Texte erstmals in deutscher Sprache.

Peter-Erwin Jansen
im Juni 2000

Nachweise und Anmerkungen

1 Herbert Marcuse, *Triebstruktur und Gesellschaft. Ein philosophischer Beitrag zu Sigmund Freud,* Frankfurt/Main 1982, S. 180
2 ders., *Der eindimensionale Mensch. Studien zur Ideologie der fortgeschrittenen Industriegesellschaft,* Darmstadt und Neuwied 1967, S. 81
3 ders., *Schriften 9. Konterrevolution und Revolte. Zeitmessungen. Die Permanenz der Kunst,* Frankfurt/Main 1987, S. 145
4 vgl. ders., *Die Permanenz der Kunst. Wider eine bestimmte marxistische Ästhetik,* München/Wien 1977
5 ders.,»Über den affirmativen Charakter der Kultur«; in: *Kultur und Gesellschaft I,* Frankfurt/Main 1965 (1980), S. 89
6 ebenda, S. 96
7 ders., *Feindanalysen. Über die Deutschen,* herausgegeben und mit einem Vorwort von Peter-Erwin Jansen, Lüneburg 1998, S. 111
8 ders.,»Über den affirmativen Charakter ...«, S. 88

Einleitung

Kunst als Erkenntnis und Erinnerung
Herbert Marcuses Ästhetik der »großen Weigerung«

Von Gerhard Schweppenhäuser

Herbert Marcuse gehört nicht zu den Denkern der Kritischen Theorie, die durch ihre ästhetischen Schriften in den kulturtheoretischen und wissenschaftlichen Diskursen der Gegenwart präsent geblieben sind. Anders als Adorno und Benjamin ist Marcuse seit den sechziger Jahren als politischer Philosoph der Kritischen Theorie rezipiert worden. Auf diesem Feld ist er sowohl im akademischen Bereich als auch in den Feuilletons bis heute präsent geblieben – aber inzwischen meist als Beispiel für einen Theorietypus, der anachronistisch geworden ist.

Das Jahr 1969

Marcuse hatte sich öffentlich mit den rebellierenden Studenten in den USA und in der Bundesrepublik Deutschland solidarisiert. Kurz nachdem die Westberliner Polizei am 2. Juni 1967 Benno Ohnesorg erschossen hatte, wurde Marcuse vom Sozialistischen Deutschen Studentenbund nach Berlin eingeladen. Er hielt Vorträge und diskutierte intensiv mit den theoretischen Leitfiguren der »Außerparlamentarischen Opposition«. Zwei Jahre später kam es zum Streit mit Adorno. Marcuse hatte es Adorno und Habermas übelgenommen, daß sie die Polizei zur Hilfe riefen, als eine organisierte Studentengruppe das Institut für Sozialforschung in Frankfurt besetzte.[1] Marcuse bestand darauf, daß es bei seinem geplanten Besuch in Frankfurt auch eine Veranstaltung geben solle, auf der er mit dem SDS spricht. Darüber entstand eine briefliche Kontroverse, in der die Differenzen zwischen Marcuse, Adorno und Horkheimer über die Frage zutage traten, wie Kritische Theorie in der Gegenwart auszusehen hätte. Adorno hielt der Studentenbewegung zwar zugute, daß sie »den glatten Übergang zur total verwalteten Welt unterbrochen« habe, aber zugleich bestand er darauf, daß ihr »ein Quentchen Wahn beigemischt« sei, »dem das Totalitäre teleologisch innewohnt«. Er war überzeugt davon, daß die Studentenbewegung keine Chance hätte, »gesellschaftlich eingreifend zu wirken«; vielmehr sei klar, daß sie unweigerlich »auf eben die Technokratisierung der Universität hinausläuft, die sie angeblich verhindern will«. Die gängigen Formen des Aktionismus, die immer brutaler wurden, widerten Adorno an. Marcuse machte sich über den revolutionären Charakter des studentischen Protests auch keine Illusionen; aber ihm erschien es so, als sei er sicherlich »der stärkste, vielleicht der einzige Catalysator für den inneren Verfall des Herrschaftssystems«. Die Revolte der Studierenden in den USA, Frankreich und der Bundesrepublik Deutschland fördere politisches Bewußtsein, betreibe die »Aktivierung der Ghettos« und lasse eine Öffentlichkeit entstehen, die dem »amerikanischen Imperialismus« kritisch gegenüberstehe. Im Widerstand gegen ihn und seine transatlantischen Verbündeten stehe es kritischen Theoretikern nicht gut an, den Schulterschluß mit den Ordnungshütern gegen die Rebellen zu demonstrieren, auch wenn diese sich in der Wahl ihrer Mittel noch so sehr vergreifen würden.[2]

Schon bald darauf war spürbar geworden: Die Achtundsechziger-Bewegung hatte zwar, wohl vor allem auf Grund ihrer antiautoritären Impulse, das kulturelle Klima der Bundesrepublik zu verändern begonnen, aber keineswegs im Sinne ihrer radikal kapitalismuskritischen Impulse, die während Marcuses letzten Lebensjahren zunehmend marginalisiert wurden oder in abstruse terroristische Welt- und Wahnentwürfe abdrifteten. In den USA zeitigten der Vietnam-Protest und die Bürgerrechts-Bewegung liberalisierende Wirkungen, die sich aber durchweg im Rahmen des bestehenden politischen und wirtschaftlichen Systems bewegten. Marcuse versuchte in dieser Zeit, die Emanzipationsprozesse farbiger Minderheiten und die Frauenbewegung reflexiv zu begleiten. Auch wenn er sich immer vom Anarchismus distanzierte[3] – seine Sympathie mit den »Ghettos« stand in der Tradition Erich Mühsams, der in den zwanziger Jahren hoffte, die Stadt- und Landstreicher der Weimarer Republik würden ihr Potential als eigentliche revolutionäre Subjekte verwirklichen, waren sie doch, im Gegensatz zum sozialdemokratisch und kommunistisch organisierten Proletariat, eine undomestizierte und unkorrumpierte Subkultur. Das sah Marcuse zu der Zeit freilich nicht so; er war 1917 in die SPD eingetreten, wurde 1918 Mitglied eines Berliner Soldatenrats – und distanzierte sich später von der Partei, weil sie die Ermordung von Luxemburg und Liebknecht unterstützt hätte, um unter Beweis zu stellen, daß sie in der Lage ist, in Deutschland Regierungsverantwortung zu übernehmen (wie man heute sagen würde).

Der Kampf von Menschen um menschenwürdige Lebensbedingungen, ihr Anspruch auf die Entfaltung der in ihnen angelegten Lebensmöglichkeiten – das waren Impulse, denen Marcuses kritische Sozialphilosophie Begriffe, Erkenntnismethoden und formulierbare Ziele gab. Seine Analysen der gesellschaftlichen Lebensverhältnisse, in denen jener Anspruch unterdrückt und Kämpfe um Befreiung und Anerkennung kaum Erfolgschancen hatten – Analysen, die immer auch die Aporien und inneren Widersprüche widerständigen Denkens und Handelns in einer antagonistischen Totalität mitreflektierten –, zählten in den sechziger Jahren zu den meistgelesenen Schriften. Die Untersuchung der »eindimensionalen« Gesellschaften der modernen kapitalistischen Industriestaaten und des neuen anthropologischen Typus', den sie hervorbringen, 1964 in den USA erschienen, war der »Bestseller« der Kritischen Theorie.

Eindimensionalität und Globalisierung

Marcuses politische Philosophie ist in bestimmter Hinsicht deskriptiv immer triftiger geworden. Zehn Jahre nach der Niederlage des Sowjetsystems im Konkurrenzkampf der Weltmächte (Marcuse hatte viele der inneren Aporien, die zu seinem gleichwohl unerwarteten Scheitern führen sollten, bereits in den fünfziger Jahren untersucht[4]) ist das politische Universum heute so eindimensional wie nie geworden – wenn auch die Eindimensionalität nicht mehr so zustandekommt, wie Marcuse es erklärt hatte. Der Ideologiekritik des *eindimensionalen Menschen* zufolge war die Eindimensionalität der modernen westlichen und östlichen Industriegesellschaften, die starr auf Selbsterhaltung und Wachstum fixiert waren, paradoxerweise durch die obsessive, aber zugleich genau kalkulierte Ausrichtung auf die *Bipolarität* der politischen Welt vermittelt. Sie schaffte ein irreversibel erscheinendes Koordinatensystem der Rivalität von genau zwei konkurrierenden Machtblöcken, innerhalb deren Hemisphären alles, was über die repressive Ordnung von Tausch- und Wertrationalität, technologischer Produktivität und instrumenteller Vernunft hinauswies, mit offener oder »struktureller« Gewalt verdrängt werden konnte. Nach dem Verschwinden der Systemalternative, die sich als eine historisch unterlegene Bemühung um nachholende Modernisierung erwiesen hat, kann soziale Eindimensionalität aber umso leichter und effizienter produziert und aufrechterhalten werden. Die »Globalisierung«, die ja auf vielen Ebenen erst politisch durchgepaukt werden mußte,[5] erscheint als ökonomisches Naturereignis, das »dem Politischen« über kurz oder lang seine Bedeutung rauben werde, und der organisierte politische Widerstand gegen ökonomische Heteronomie ist zum Gedrängel um die besten Plätze im Reich der »Neuen Mitte« zusammengeschrumpft.

»Die Herrschaftsform des Spätkapitalismus [...] ist global«, schrieb Marcuse im Juli 1969 an Adorno, »und es ist seine Demokratie, die mit all ihren Mängeln auch den Neokolonialismus und Neofaschismus betreibt, bezahlt, ausrüstet und die Befreiung verhindert«.[6] Natürlich wäre diese Analyse heute im Lichte postkolonialistischer und postfordistischer Diskurse zu reformulieren – aber das wäre durchaus möglich und im Sinne einer kritischen Theorie der Globalisierung vielversprechend; und auch Modelle der Aktivierung zivilgesellschaftlichen Widerstands gegen die Aushöhlung formalisierter Demokratie durch ökonomische Systemimperative würden gut mit Marcuses immanent-kritischer Theorie der Demokratie zusammengehen, für die es immer zentral war – um es mit Oskar Negt zu sagen –, »das Problem der individuellen Partizipation am Gemeinwesen« mit der »Frage nach wirklicher Autonomie und einer erweiterten Lebensperspektive« dauerhaft zu verbinden.[7]

Aber es hat keine Marcuse-Renaissance gegeben; es ist zum guten Ton geworden, Marcuses praxisphilosophische Variante der Kritischen Theorie als hoffnungslos romantisch zu stigmatisieren, als Lehrbuchbeispiel für die anstößige Mischung aus Kapitalismuskritik, Hedonismus und Jakobinertum, die man pauschal der Achtundsechziger-Generation unterstellt. Schwer zu sagen, ob der Grund dafür nur ein mimetisches Bedürfnis nach Identifikation mit dem Unabänderlichen ist, das Marcuse schon im *eindimensionalen Menschen* diagnostizierte, oder ob die Abwehr differenziertere Wurzeln hat. Sicherlich ist es heute objektiv schwieriger geworden, eine Theorie in ihrer analytischen Kraft zu würdigen, die so deutlich wie die Marcuses auf einer *geschichtsphilosophischen Konstruktion* basiert, nämlich auf der – wie immer auch reflexiv gebrochenen – Teleologie eines gesellschaftlichen Gesamt-Subjekts, das sich durch alle besonderen Emanzipationsversuche hindurch als allgemeines Subjekt konstituieren solle. Als rekonstruktive Theorie der neuen sozialen Bewegungen mit ihren Bemühungen um Partizipation an politischen Entscheidungsprozessen und ihren Kämpfen um Anerkennung der Rechte und Lebensformen von Minderheiten scheint die »Theorie des kommunikativen Handelns« von Jürgen Habermas plausibler, die die neuen sozialen Bewegungen als Verständigungskonflikte beschreibt. Aber es gibt keine Theorie der »radikalen Opposition« mehr, wie Marcuse sie formuliert hatte – der das ja schließlich nicht tat, um eine radikale Opposition herbeizuschreiben, wo keine existiert, sondern um ihre Aporien, Dilemmata, aber auch ihre vernünftig begründbaren Ziele zu bestimmen. So schlicht es klingt: Eine Theorie, die begrifflich darauf reflektiert, »was heute der Kapitalismus aus den Menschen macht, und daß man das wirklich ändern kann«[8], fehlt gegenwärtig, und sie ist natürlich auch nicht dadurch überflüssig geworden, daß diese Wirtschaftsweise als historisch unabänderliches Schicksal erscheint. Am ehesten findet man so etwas in Frankreich, in der herrschaftskritischen Soziologie Pierre Bourdieus, der aber methodisch mit der philosophisch orientierten Kritischen Theorie nicht viel im Sinn hat.

Im vereinten Deutschland ist jedenfalls keine Marcuse-Renaissance in Sicht. Prominente Vertreter aus der APO-Szene der späten sechziger Jahre, die seinerzeit Adorno und Marcuse mit Sponti-Aktionen auf den Leib rückten, schicken heute, als hochrangige Politiker der Bundesrepublik, deutsche Soldaten in Angriffskriege, die den Menschenrechten dienen sollen und dabei das Völkerrecht ruinieren, was offenbar transantlantische Strategie ist. Andere kümmern sich, was natürlich human und erfreulich ist, um Bürgerrechte wie das Recht von Homosexuellen auf bürgerliche Eheschließung. Von Kritik an bürgerlichen Institutionen ist keine Rede mehr. Menschenrechte werden immer weniger als *soziale* Menschenrechte begriffen; von den egalitären oder revolutionären Implikationen des Naturrechts, die Marcuse hochhielt, ist sowieso nicht mehr die Rede, und der Kampf um die Versöhnung des menschlichen Naturverhältnisses, für Marcuse ebenfalls ein bedeutendes Desiderat, ist hierzulande zum ökologischen Alibi fürs Abkassieren bei den Bürgern geworden, das die

Renten sichern soll, für die die Unternehmen nicht mehr zahlen wollen – und letztlich zum regierungsamtlichen Begleitprogramm für die Abwicklung der Altlasten der Atomindustrie, die natürlich möglichst kostengünstig sein muß.

Kunst als sozialer Sprachcode

Schlechte Zeiten für radikale politische Philosophie – aber Marcuses Schriften waren immer auch kulturtheoretische Analysen, und ein wichtiger Bestandteil davon, vielleicht der zentrale, waren Überlegungen zu Form und Funktion der Kunst. Von seinen Aufsätzen in der *Zeitschrift für Sozialforschung* aus den dreißiger Jahren bis hin zu seinen letzten Arbeiten aus den Siebzigern vertrat Marcuse das ästhetische Forschungsprogramm des Instituts für Sozialforschung: Er las Kunst »als eine Art von Sprachcode für Prozesse, die in der Gesellschaft ablaufen, als einen Code, der mit Hilfe der kritischen Analyse zu dechiffrieren ist«. So stand es in einem Memorandum aus dem Jahre 1944 geschrieben, in dem das Institut für Sozialforschung seine Arbeit im US-Exil darstellte.[9] Den Entzifferungsprozess von Kunst verstand Marcuse zu keiner Zeit als mechanistische Reduktion des ästhetischen Geschehens auf seine außer-ästhetischen »Bedingungen«. Das unterschied ihn, der 1922 in Freiburg über den »deutschen Künstlerroman« promoviert und drei Jahre später eine Schiller-Bibliographie publiziert hatte, von orthodox marxistischen Theoretikern, die zeitweilig auch im Umkreis des Instituts für Sozialforschung arbeiteten.

Karl August Wittfogel zum Beispiel hatte Anfang der dreißiger Jahre in der *Linkskurve*, der Zeitschrift des »Bundes proletarisch-revolutionärer Schriftsteller«, in Fortsetzungen über die »Frage einer marxistischen Ästhetik« geschrieben und dabei Formeln aufgestellt wie die folgenden: »Die Erscheinungen des Lebens, die der um *wissenschaftliche* Einsicht ringende Mensch gemäß den jeweiligen Verhältnissen der Zeit und ihrer Klassensituation *begrifflich* abzubilden trachtet, sie erfahren in der *ästhetischen* Sphäre, ebenfalls in einer stets geschichtlich genau bestimmten Weise, ihre *künstlerisch* anschauliche Widerspiegelung. Wird in der Region der Wissenschaft mit dem Werkzeug der gedanklichen Abstraktion die Bloßlegung der Bewegungsgesetze der natürlichen und gesellschaftlichen Vorgänge erstrebt, so zeigt uns der Künstler jene Gesetzmäßigkeiten mit den ihm eigentümlichen Mitteln sinnenmäßiger Anschaulichkeit.« »Schwindet mit zunehmender Ausreifung der kapitalistischen Widersprüche der Wahrheitsgehalt der bürgerlichen Kunstwerke mehr und mehr, so wird jetzt die proletarische Kunst die einzige Stelle, wo das Geheimnis der Zeit künstlerisch enthüllt, wo ausgesprochen werden kann, was ist.«[10] Diese Sicht der künstlerischen Dinge wurde in den sozialistischen Teilen der Welt staatsoffizielle Doktrin. Im Westen dominierte sie in den sechziger und siebziger Jahren die Diskurse der radikal oppositionellen Ästhetik, mal mehr, mal weniger hölzern, wobei seltener von »proletarischer Kunst« die Rede war, und häufig von »Kunst gegen das Establishment« oder »Anti-Kunst«.

Jost Hermand hat die Lage im Westdeutschland der späten sechziger Jahre lebendig beschrieben: Im Zuge einer »aufmüpfigen Triebrevolte kamen alle älteren Formen einer als ›bürgerlich‹ empfundenen Kunst [...] arg ins Gedränge. Daher stößt man in den gängigen Untergrundblättern dieser Zeit ständig auf den Slogan ›Kunst ist Scheiße‹ oder zumindest ›Kunst ist reaktionär‹, eine Formel, die im Rahmen der APO-Kultur auch als graphisches Symbol häufig verwendet wurde. ›Wo gestern noch der Goethe stand‹, lautete 1969 ein Wandspruch im Westberliner Germanistischen Seminar, ›pennt heute Dieter Kunzelmann‹, der neben Fritz Teufel und Rainer Langhans zu den bekanntesten Kommunarden dieser Jahre gehörte.«[11] Vertreter der »APO-Kultur« waren es auch gewesen, die in jenen Tagen einen Goethe-Vortrag von Adorno in West-Berlin sprengen wollten, weil Adorno keine Lust hatte, ein entlastendes Gutachten über Fritz Teufel zu schreiben; dessen neo-dadaistische Aktionen hielt er zwar nicht, wie die Berliner Polizei und Justiz, für strafbar, aber ästhetisch überzeugend fand er sie auch wieder nicht.

Marcuse hatte in den Jahren zuvor an einem großen Essay geschrieben, der dann 1969 als Buch erschien: der »Versuch über die Befreiung«. Dort zeigte er sich auf der Höhe der ästhetischen Artikulationen des Protests der jungen Leute, die in Paris und in den USA, aber auch in den Großstädten des Ostblocks surrealistische und dadaistische Kunstpraxen und Aktionsformen wiederbelebt hatten (»Die Phantasie an die Macht«). In den Happenings und den hedonistischen Kommunikationsweisen der Subkulturen, in ihrem Gebrauch von Musik, Poesie, Drogen und Sex, sah Marcuse eine »neue Sensibilität« entstehen, die Bestandteil einer neuen, widerständigen politischen Kultur sei. Die Verweigerungsgeste gegenüber traditioneller Kunst und ihren elitären Märkten, Messen und Museen interpretierte er als Bodensatz einer neuen politischen Kunst, in den ästhetische Erfahrungen neuer Art eingingen. Marcuse betonte stets den Doppelcharakter von Ästhetik, die für ihn sowohl Philosophie der Kunst als auch Theorie der Sinnlichkeit war. Aber, und das war ihm auch in der sympathisierenden Auseinandersetzung mit der Ästhetik der rebellierenden Subkulturen wichtig: Die Autonomie der ästhetischen Form werde auch davon nicht einfach negiert. Auch Anti-Kunst sei Kunst. Solange gedichtet, gemalt und musiziert werde, habe man es noch immer mit Kunstwerken zu tun. Und das begrüßte Marcuse durchaus, sah er doch in der entfremdenden Kraft der individuellen ästhetischen Erfahrung von Kunstwerken eine (wenn auch prekäre) Instanz gegen soziale Entfremdung.

Marcuses Ästhetik schöpfte aus einer Reihe wichtiger Quellen: Schillers sozialphilosophische Radikalisierung der Kantischen Autonomieästhetik; Baudelaires Moderne-Ästhetik, die Stendhals Diktum, daß das Schöne ein Versprechen des Glücks sei, bis zur äußersten utopischen Konsequenz ausgeführt hatte; das subversive Schock-Paradigma des Surrealismus; die Lehre des russischen Formalisten Viktor Šklovski, der das Wesentliche der Kunst darin erkannte, daß sie das Sehen »desautomatisiert«, das heißt den Blick für die Dinge und Menschen öffnet, indem sie uns über neue Formen daran hindert, jene wie gewohnt wiederzuerkennen; und natürlich nicht zuletzt Brechts davon angeregte politische Verfremdungsästhetik, die immer auf der Eigenlogik lyrischer und dramatischer Kunstwerke insistierte. Und dann vor allem immer wieder Nietzsche: seine Archäologie des somatischen Substrats ästhetischer Erfahrung, sein tiefenpsychologischer Blick in die Abgründe unserer Kultur, seine Kompromißlosigkeit. »Was ist das Siegel der erreichten Freiheit? – Sich nicht mehr vor sich selber schämen«, zitierte Marcuse den Kritiker des deutschen Philistertums etwa, um die sinnliche Utopie des Pariser Mais zu bestärken, für dessen »großartige, reale transzendierende Kraft« er sich begeisterte.[12] In seinen letzten Jahren ließ sich Marcuse dann immer stärker von Adornos Ästhetik inspirieren, die den Wahrheitsgehalt des »autonomen Kunstwerks« zu einer Zeit hervorhob, als es üblich war, vom Ende des Kunstwerks qua Werk zu sprechen, und seinen Doppelcharakter als *fait social* und autonomes Gebilde untersuchte.

Die Dechiffrierung der Kunst als »Sprachcode für gesellschaftliche Prozesse«, die zuvor erwähnt wurde, war für Marcuse ein Reflexionsvorgang, der der ästhetischen Theorie immanent ist, denn er habe von der Frage auszugehen, was das Spezifische der künstlerischen *Form* ist.[13] Franz Koppe hat betont, daß Marcuses Überlegungen zur spezifischen Eigenart der ästhetischen Form um das Motiv des Sprach-Charakters der Kunst zentriert sind. Kunstwerke machen hörbar oder sichtbar, was ist und sein könnte, indem sie Inhalte sinnlich und semantisch formen; indem sie sie nach Strukturgesetzen organisieren. Insofern muß Kunst als eine »Sprache eigener Art« verstanden werden, die Mitteilung und Ausdruck zugleich ist. Die »zeichenpragmatische Einheit« (Koppe) kommt in den je einzelnen Kunstwerken durch ihren *Stil* zustande, das heißt durch das Strukturprinzip, nach dem in ihnen die Teile in ein organisiertes Verhältnis zum Werkganzen gebracht werden.[14] »Indem die Kunst ihre eigene Form, ihre eigene ›Sprache‹ schafft, bewegt sie sich in einer Dimension der Wirklichkeit, die der Alltagswelt antagonistisch gegenübertritt, jedoch so, daß Worte, Klänge, Musik in der Verwandlung, ja Verklärung der je gegebenen Bilder des Alltags deren vergessene oder verzerrte Wahrheit ›bewahren‹, indem sie ihnen ihre eigene ›schöne‹ Form, Harmonie, Dissonanz, Rhythmik usw. verleihen«, erklärte Marcuse 1968 in Boston vor einem Auditorium von Musikerinnen und Musikern.[15]

Neo-Avantgardismus: ambivalente Entgrenzung

Mit seiner Theorie der neuen Sensibilität aus den sechziger Jahren machte Marcuse nun aber just einen Schritt über die Kunstwerk-Ästhetik hinaus. Beeindruckt von den kulturrevolutionären Implikationen der Neuen Linken in den USA und Westeuropa wagte er es, eine Aufhebung der gesellschaftlichen Institution Kunst anzuvisieren, eine Aufhebung der Kunst als Kunst, die deren Impulse zugleich in transformierter gesellschaftlicher Praxis autonomer – und vor allem: solidarischer – Menschen aufbewahren würde. Kunst sei ambivalent, weil sie auf der einen Seite die bestehende Wirklichkeit negiert, indem sie sich weigert, etwas anderes als (schöner) Schein zu sein und als solcher eigenen Gesetzen zu folgen, die sich von dem subsumtions- und verwertungslogischen Realitätsprinzip der industrialisierten Tauschgesellschaften signifikant unterscheiden; aber auf der anderen Seite verkläre Kunst als schöner Schein das Bestehende und spende den in ihm lebenden und leidenden Menschen Trost. Diese Ambivalenz müsse jedoch nicht als ontologische Konstante verstanden werden, sondern als historisches Resultat der Klassengesellschaft. In einer anderen Gesellschaftsform, nämlich in einer befreiten, könne der konkret-utopische Gehalt der Kunst verwirklicht werden. Aber dadurch würde Kunst aufhören, Kunst zu sein. Sie würde ihre Ambivalenz und ihren Scheincharakter verlieren und wäre damit als Kunst aufgehoben – in einer qualitativ neuen, anderen Form gesellschaftlicher Praxis, deren Züge sie mitprägen würde.

In den aktionsorientierten Kunstformen der westlichen Neo-Avantgarden der sechziger Jahre, also in Happenings, in der Auflösung des Werkcharakters der Kunstprodukte, die nun als Installationen, Environments und Performances ausgeführt wurden (in der Bundesrepublik Deutschland tat das vor allem die »Fluxus«-Strömung), sah Marcuse sowohl das produktive Nachleben des Surrealismus und des sowjetischen Formalismus der zwanziger Jahre als auch den Vorboten nahender gesellschaftlicher Umwälzungen. Die »Entgrenzungsthematik«, »das zentrale Fortschrittsdogma der Avantgarde« (Heinrich Klotz),[16] schien hier noch einmal seine Kraft zu entfalten. Doch die revolutionäre Naherwartung verflüchtigte sich binnen kurzem; die ästhetischen Transformationen erwiesen sich als Verjüngungskuren der Kunstmarkt-Kunst. Sie stellten in ihrem Ritualcharakter die andere Seite jener »Verklärung des Gewöhnlichen (Arthur C. Danto) dar, die die Pop-art eingeleitet hatte, als sie die Gegenständlichkeit und mimetische Abbildlichkeit in der Kunst rehabilitierte und für eine fetischistische semantische Aufladung der Warenwelt westlicher Alltagskulturen sorgte. »In dieser Kunst«, resümiert Hermand das Schicksal der Aktionskunst, »manifestierte sich also kein Protest gegen die bürgerliche ›Institution Kunst‹, um mit Peter Bürger zu reden, sondern vollzog sich die Institutionalisierung der Avantgarde zur herrschenden Kunstformation und damit die weitgehende Entwertung älterer Fortschrittskonzepte.«[17] Das war rasch deutlich geworden, und Marcuse revidierte seine neo-avantgardistische Theorie vom produktiven Ende der Kunst in umfassender Lebens- und

Umweltgestaltung. Die ambitionierte Auffassung von Kunst als Faktor einer radikalen Humanisierung und Naturalisierung menschlicher Lebenswelten war inzwischen, zu ermäßigten Preisen, in den Diskurs des Urbanismus in der Kunst(-theorie) eingeflossen, dort freilich nicht mehr als Bestandteil einer kritischen Theorie gesellschaftlicher Revolutionierung, sondern als Versuch, die Grenzen der Art World zu sprengen und Kunst als Gestaltungsfaktor städtischen Lebens, Wohnens und Arbeitens zu integrieren. Die gegenläufige Tendenz verließ das Dickicht der Städte und ging in die Wüste: Die Land-art suchte die Nähe zu organischen Stoffen, sie präsentierte sie als ästhetisches Material, das sich, weitgehend ohne künstlerische Überformung, in seinen sinnlichen und symbolischen Qualitäten als autonomes künstlerisches Mittel präsentieren sollte.[18]

Mit der Land-art hat Marcuse sich nicht theoretisch auseinandergesetzt; ihre programmatische Entmächtigung der Form und ihre oft naturmythologischen Ausdrucksgestalten dürften ihm nicht besonders sympathisch gewesen sein, obwohl darin ja durchaus auch das von ihm geschätzte, früh-marxsche Motiv einer »Resurrektion der Natur« am Werk gewesen ist. Seine Ästhetik der Aufhebung der Kunst durch Verwirklichung revidierte er also, wie gesagt. Anfang der siebziger Jahre schrieb er den Anhängern einer Ästhetik der Auflösung des Subjekts ins Stammbuch, daß der gepriesene Ereignischarakter die Stelle des produktiven Subjekts nicht wirklich einnehmen könne. Statt authentischer Veränderung der Erfahrung durch den Eingriff ästhetischer Transzendenz finde nur noch simple Ortsveränderung oder Verdoppelung der warenförmigen Dingwelt statt. »Marcel Duchamps *Urinoir* im Museum kann doch nicht ewig als Beginn der radikalen Kunst begriffen werden! [...] Dieser Bruch mit der gegebenen Wirklichkeit kann durch die reine Ortsveränderung eines Objekts nicht erreicht werden. Duchamps *Urinoir* bleibt auch im Museum ein Urinoir; seine Funktion ist lediglich außer Kraft gesetzt; es bleibt, was es ist: ein Pißbecken. Umgekehrt ist ein Gemälde von Cézanne auch auf dem Klosett ein Gemälde von Cézanne«. Und nachdem er den Übervater des amerikanischen Dadaismus so witzig angepinkelt hatte, bekam auch die Kultfigur der Pop-art, »der Maler der synthetischen Aura« (Georg Franck), ihren Teil ab, der schon weniger humorvoll formuliert war: »Der selbsternannte neue Radikalismus, dem es um solche Ortsveränderung eines realen Gegenstands geht, läutet nicht das Ende der

Kunst, noch der bürgerlichen Kunst, noch den Beginn einer neuen Kunst ein, sondern befördert lediglich die Abdankung oder Abwesenheit jener kritischen Phantasie, die sich als schöpferische Kraft der Befreiung vom Establishment widmet. Angesichts dieser Objekte sind wir keinen Schritt weitergekommen: Die Suppendose von Campbell in der Kunstausstellung verweist auf die Suppendose im Supermarkt (und fördert möglicherweise den Verkauf). Der Betrachter, der noch nicht zur Clique der Eingeweihten gehört, reagiert nicht schockiert, sondern verwirrt: Hier ist etwas, das er ernstnehmen oder mit schwarzem Humor betrachten soll, doch er fühlt, daß an der Sache etwas faul ist.«[19] Ähnlich hat der amerikanische Kunstkritiker Stephen Fry kritisiert, was er für die Prätentionen der klassischen und neuen Moderne hielt, ähnlich hat der österreichische Philosoph Rudolf Burger sie der Hochstapelei bezichtigt;[20] und Pierre Bourdieu hat die Vordergründigkeit vieler Kunstmarkttrends auf das ihnen zugrundeliegende Distinktionsbedürfnis sozialer Eliten zurückgeführt.

Kunst und Entsublimierung

Marcuse stellte in seinen Arbeiten zur Ästhetik nun immer wieder die Frage, ob Kunst in ihrer ambivalenten, das heißt zugleich konkretutopischen und affirmativen Funktion nicht überhaupt dauerhaften Charakter habe. Schon in den ästhetischen Abschnitten seiner sozialphilosophischen Freud-Lektüre aus den fünfziger Jahren, *Eros and Zivilisation*, und auch wieder in seinem neuavantgardistischen Kunst-Konzept des *Versuchs über die Befreiung*, hatte Marcuse eine triebnaturalistische Anthropologie zugrundegelegt und die Erfahrung des Kunstschönen an libidinöse Bedürfnisstrukturen gekoppelt. »Die Ästhetik gründet in der Sensibilität«, schrieb er im *Versuch über die Befreiung*. »Was schön ist, ist zunächst sinnlich; es spricht die Sinne an, es ist Objekt unsublimierter Triebe.« Aber selbst damals, im Sinnenrausch der sechziger Jahre, hat er das Kunstschöne nicht auf die somatische Lusterfahrung reduziert, die ästhetische Erfahrung schlicht ersetzen könnte. Natürlich sympathisierte Marcuse »mit dem großen Entwurf der Entsublimierung der Kultur [...], der für die Radikalen einen lebenswichtigen Aspekt der Befreiung darstellt«[21]. Aber er wußte, daß dieses Projekt bis auf Weiteres im Schatten der konsumistisch-massenmedialen »repressiven Entsublimierung«[22] stehen würde, die die Kulturindustrien der eindimensionalen Gesellschaften den Menschen als Ersatzbefriedigung vorsetzen. Die waren zwar noch weit entfernt von der flächendeckenden Sexualisierung der visuell-medialen Alltagswelt, die wir heute erleben, sowie wir die Zeitung aufschlagen, das Fernsehgerät einschalten oder gar einen Schritt aus dem Haus machen. Aber die Tendenz dazu wirkte schon damals. In den vierziger Jahren, als Adorno die Kulturindustrie in den USA untersuchte und diesen Begriff prägte,[23] hatte der Busen der Filmheldin noch *unter* dem Sweater gelockt und für die Permanenz der Vorlust gesorgt, die, wie Adorno meinte, von einer permanenten Kastrationsdrohung begleitet sei; nackte Oberköper gab es allenfalls von Film*helden* zu sehen. In den fünfziger sechziger Jahren wurde auch schon mal angedeutet, wie es unter die Petticoats und Röcke ging, die heute kaum noch zu sehen sind, wenn es im globalen Privatfernsehen drunter und drüber geht, sozusagen auf und in allen Kanälen. Die Permanenz der Vorlust, die heute mit drastischeren Bildern und Soundtracks erzeugt wird, ist immer noch die gleiche – aber darüber darf eine wichtige Differenz nicht übersehen werden: Kulturindustrie muß nicht mehr die Spannung von Triebwünschen und ihrer symbolischen Codierung produzieren, sondern zeigt mit mimetischem Realismus das eine, an das alle denken (sollen). Die binär codierte Botschaft polymorpher Perversion einerseits und puritanischer Normen andererseits, die die alte Kulturindustrie verbreitete, ist obsolet. In der Stilisierung des Sexuellen zum profanisierten Bestandteil der Ereignis-Kultur wird nicht mehr die Vorlust am Köcheln gehalten und der Vollzug verpönt; im Werbe- und Unterhaltungsfernsehen wie auf der Love-Parade gilt: »the body is the message«.[24] Das ist die zeitgemäße Variante der Domestizierung der somatischen Widerstands-Impulse, würde Marcuse sagen – oder, mit seinen eigenen Worten aus dem Jahre 1978: »die Liberalisierung der Sexualmoral […] unterwirft die Privatsphäre den Tauschbeziehungen«[25].

Die Grenze der Utopie

»Dennoch«, so geht Marcuses Überlegung über Schönheit und Libido aus dem »Befreiungs«-Essay nun also weiter, »scheint das Schöne eine Position halbwegs zwischen sublimierten und unsublimierten

Zielen einzunehmen. Schönheit ist kein wesentliches, ›organisches‹ Merkmal des unsublimierten Sexualtriebes«[26]. In den siebziger Jahren spann er diesen Gedanken weiter aus, in Richtung auf den anderen Pol des triebstrukturalen Spannungsfeldes. Die biologische Grenze humaner Bedürfnisbefriedigung, das heißt die irreversible Endlichkeit des Menschen – oder, mit anderen Worten, die thanatologische Schranke der Utopie – verweise uns unvermeidlich auf das Medium des Scheins, der auf seine Art sinnlich erfahrbar mache, was realiter bestenfalls nur als Teilerfahrung zur Hand sei: umfassende, ungebrochene Schönheit, der wir, als Einlösung ihres Glücksversprechens, in der ästhetischen Erfahrung teilhaftig würden. Diese Perspektive gebe es nur im Medium des (schönen) Scheins, hierin liege seine Wahrheit. Auch konkrete Utopie transzendiere das Reich realisierbarer Freiheit, das durch die Permanenz des Todes definiert, das heißt: begrenzt, sei. Gesellschaftliche Befreiung, sollte sie je gelingen, würde doch den Eros niemals ganz von der Herrschaft des Thanatos befreien können, meinte Marcuse 1977; »die Armut kann und muß abgeschafft werden: der Tod bleibt die der Gesellschaft inhärente Negation. Er ist die letzte Erinnerung an alle Möglichkeiten, die nicht realisiert wurden«, schrieb Marcuse im Geiste Walter Benjamins. »Geschichte ist Schuld, aber keine Entsühnung. Eros und Thanatos sind nicht nur Gegner, sondern auch Liebende. Aggression und Destruktion mögen mehr und mehr in den Dienst des Eros treten; aber Eros selbst wirkt unter dem Zeichen des Leidens, der Vergangenheit.« Das dionysische Credo von Nietzsches ästhetischer Rechtfertigung des Daseins bekommt beim späten Marcuse eine melancholische Dimension: »Die Ewigkeit der Lust geschieht durch den Tod der Individuen. Und vielleicht dauert die Ewigkeit nicht sehr lange. Die Welt ist nicht für den Menschen gemacht, und sie ist nicht menschlicher geworden. Indem die Kunst diese Wahrheit festhält, indem sie mit dem Versprechen des Glücks auch diese Erinnerung bewahrt, kann sie als ›regulative Idee‹ in den verzweifelten Kampf für die Veränderung der Welt eingehen.«[27]

Die apollinische Vernünftigkeit im Reich des Ästhetischen wird im Sinne einer erinnernden Solidarität endlicher Wesen rehabilitiert. Marcuse ist hier dem Schopenhauerschen Grundtenor der Spätphilosophie seines Freundes Horkheimer ganz nah, dem er politisch seit der Zeit des Vietnam-Protestes so fern stand, als Horkheimer die US-Intervention verteidigte.

Affirmation, Vor-Schein und Subversion

Die »perspektivische Permanenz der Utopie«[28] gelte es also einzusehen – und damit die »Permanenz der Kunst«. Marcuses Selbstkorrektur seiner Kunstphilosophie und Ästhetik in den siebziger Jahren ist immer wieder mißverstanden worden: Auch differenzierte Interpretationen neigen dazu, das schlichte Faktum zu übersehen, daß es sich hier um eine Revision der Revision handelt. Denn Marcuse kehrte zu einer Denkfigur zurück, die er genau so bereits 1937 formuliert hatte, in seinem großen kulturtheoretischen Aufsatz für die *Zeitschrift für Sozialforschung*, in dem er den »affirmativen Charakter der Kultur« ausleuchtete.

Dort ging es ihm auch um die Ambivalenz von Kunst in der bürgerlichen Gesellschaft. Zunächst einmal seien die Kunstwerke des 18. und vor allem des 19. Jahrhunderts Bestandteile der »affirmativen Kultur« des Bürgertums, das als herrschende Klasse den universalen Freiheits- und Glücksanspruch aufgegeben hat, den es hochhielt, solange es politisch noch nichts zu melden hatte. Durch die Verinnerlichung des Glücksanspruchs stelle die bürgerliche Kultur eine falsche Versöhnung der Individuen mit der bestehenden repressiven Ordnung der Gesellschaft her. Im idealistisch überhöhten Kulturbereich sollen sich die Menschen »seelisch« erheben über den materiellen Reproduktionsprozeß, der ihr Leben bestimmt. So würden die Verhältnisse verewigt, die verhindern, daß der Glücksanspruch aller Menschen verwirklicht wird. Sie würden von ihrem Elend abgelenkt und an der praktischen Veränderung ihrer Lebensbedingungen gehindert.

Aber Marcuse zeigte auch, daß bürgerliche Kultur nicht auf ihre affirmative Funktion zu reduzieren ist. Wenn Schmerz, Elend und Trauer authentische ästhetische Formen fänden, komme im Medium des Scheins das Leiden der Menschen zum Ausdruck. Und Glück, Erfüllung und Schönheit, deren egalitäre Verwirklichung die bürgerliche Gesellschaft versagt, seien auf den ästhetischen Schein verwiesen, wenn sie im Bewußtsein präsent bleiben sollen. Dieser »wesentliche Schein«, wie Marcuse mit Hegel formulierte, enthalte Wahrheiten über die Menschen und Dinge, die die bestehende Gesellschaft transzendieren und in Frage stellen: »Nur in der Kunst hat die bürgerliche Gesellschaft die Verwirklichung ihrer eigenen Ideale geduldet und sie als allgemeine Forderung ernst genommen.«[29]

Einerseits ermögliche der Schein also die ästhetische Erfahrung jenes »anderen« der bürgerlichen Gesellschaft, die Ahnung eines glücklichen Zustands. Marcuse deutete ihn in dieser Hinsicht als »Vor-Schein«, wie Ernst Bloch zu sagen pflegte. Kunstwerke wären demnach die Grundlage der Einsicht, »daß eine solche Welt nicht durch dieses oder jenes geändert werden kann, sondern nur durch ihren Untergang.«[30] Schönheit in der Kunst verweise auf sinnliche Lust und Erfüllung in der Wirklichkeit, wenn sie, mit Stendhal, als *promesse du bonheur* verstanden wird. Damit unterminiere sie die Basis der repressiven Gesellschaftsordnung, den erzwungenen Triebverzicht. Andererseits seien Schönheit und Scheinhaftigkeit der Kunstwerke aber auch Instrumente der Anpassung an das, was ist. Denn im Zusammenhang der affirmativen Kultur sei Kunst abgespalten von der Gesellschaft, verbannt in ein »autonomes« Reich. Die Autonomie der Kunst war für Marcuse deshalb Wahrheit und Ideologie zugleich. Insofern, als Kunstwerke nur ihrem eigenen Bewegungsgesetz gehorchen, seien sie den gesellschaftlichen Funktionszusammenhängen partiell entzogen. Als Produkte gesellschaftlicher Arbeit jedoch reflektierten sie auch deren Zwangsverhältnis. Aber, und darin liege die Unwahrheit des ästhetischen Scheins: Die klassische Lehre von der ästhetischen Autonomie wolle diesen gesellschaftlichen Charakter der Werke vertuschen. Und gerade das sei die gesellschaftlich affirmative Funktion der Kunst: In ihr finde sich der schlechte Schein in einer Versöhnung der Gegensätze, die in der Wirklichkeit nicht stattfinden kann. Radikaler Glücksanspruch werde verinnerlicht und damit gebrochen, die schlechte Realität erträglicher gemacht und verklärt. »Das Medium der Schönheit«, folgerte Marcuse, »entgiftet die Wahrheit und rückt sie ab von der Gegenwart. Was in der Kunst geschieht, verpflichtet zu nichts.«[31]

Wie kann angesichts der ideologischen Vertröstung der Menschen der Wahrheitsgehalt des ästhetischen Scheins gerettet werden? Die Antwort lautete: Nur indem das, was in ihm aufbewahrt ist, in einer befreiten Gesellschaft verwirklicht würde. »Die Schönheit wird eine andere Verkörperung finden, wenn sie nicht mehr als realer

Schein dargestellt werden, sondern die Realität und die Freude an ihr ausdrücken soll.« Die Überwindung des affirmativen Charakters der Kultur wäre nicht der Weg in die Barbarei, sondern die Rettung des Wahrheitsgehalts der Kultur. Also auch hier schon der Gedanke der Aufhebung der Kunst durch Transformation in einer anderen sozialen Praxis! Doch Marcuse formulierte solche Spekulationen sehr vorsichtig. »Vielleicht wird die Kunst als solche gegenstandslos werden.« Aber: »Solange Vergänglichkeit ist, wird genug Kampf, Trauer und Leid sein, um das idyllische Bild zu zerstören. [...] Auch eine nichtaffirmative Kultur wird mit der Vergänglichkeit und mit der Notwendigkeit belastet sein: ein Tanz auf dem Vulkan, ein Lachen unter Trauer, ein Spiel mit dem Tod. Solange wird auch die Reproduktion des Lebens noch eine Reproduktion der Kultur sein: Gestaltung unerfüllter Sehnsüchte, Reinigung unerfüllter Triebe.«[32] Das vielsagende Wörtchen »solange«, das diese sehr un-utopistische Kunstontologie (mit aristotelischer Berücksichtigung der therapeutischen Aufgabe von Kunst) begleitet, dürfte sich dem für die *Zeitschrift für Sozialforschung* typischen Brauch verdanken, die Abhandlungen mit einer (mehr oder weniger messianischen) revolutionären Perspektive zu beschließen, die ein »dennoch« ausdrückte, nachdem zuvor die ganz und gar nicht-revolutionäre Situation schonungslos analysiert worden war. »Solange Vergänglichkeit ist«, das kann heißen: »bis auch die Vergänglichkeit noch abgeschafft worden ist«, oder: »solange Menschen leben«. Und genau so, als anthropologisches Diktum über die conditio humana, war es auch gemeint – typisch für Marcuses Philosophieren.[33]

Die »konkrete Utopie« einer verwirklichten Kultur hat Marcuse dann etwa zwanzig Jahre später in seiner Freud-Interpretation noch einmal eingehender zu skizzieren versucht, und zwar in einer Auseinandersetzung mit der idealistischen Ästhetik von Kant und Schiller. Das »interesselose Wohlgefallen« an der Schönheit, das nach Kant die ästhetische Wahrnehmung konstituiert, ist für Marcuse ein Refugium für die Freiheit von äußerlichen Zwecken, die Menschen und Dingen außerhalb der ästhetischen Sphäre stets aufgezwungen werden. Bei Schiller sei diese ästhetische Freiheit radikalisiert worden: Sie werde als treibende Kraft zur realen Befreiung der Menschen konzipiert.

Marcuse zeigte, daß Schillers Theorie der Kultur Einsichten enthält, die weit über ihren idealistischen Rahmen hinausweisen. Das antagonistische Verhältnis von Vernunft und Sinnlichkeit, das die Kultur prägt, werde als Ursache ihres steten Mißlingens bestimmt. Erst die zwanglose Vermittlung beider in der freien Entfaltung der »ästhetischen Einbildungskraft« könne Humanität dauerhaft real werden lassen. Nicht mehr Triebverzicht und Repression, so hoffte Marcuse, sondern die zwanglose »Selbst-Sublimierung der Sinnlichkeit« und die »Ent-Sublimierung der Vernunft«[34] könnten tatsächlich eines Tages zur Basis des gesellschaftlichen Zusammenlebens werden. Die Folge wäre: »In einer wahrhaft menschlichen Kultur wird das Dasein viel mehr Spiel als Mühe sein, und der Mensch wird in der spielerischen Entfaltung statt im Mangel leben.«[35]

Das setze natürlich voraus, daß der materielle Reproduktionsprozeß derartig unter die gemeinschaftliche Kontrolle der Menschen gebracht ist, daß Lebensnot ein- für allemal beseitigt wäre. Marcuse konkretisierte Schillers Ideal einer freien, spielerischen Kultur in Anlehnung an den späten Marx, der im *Kapital* geschrieben hatte: »Das Reich der Freiheit beginnt in der Tat erst da, wo das Arbeiten, das durch Not und äußere Zweckmäßigkeit bestimmt ist, aufhört; es liegt also der Natur der Sache nach jenseits der Sphäre der eigentlichen materiellen Produktion«, die »immer ein Reich der Notwendigkeit« bleibe. »Jenseits desselben beginnt die menschliche Kraftentwicklung, die sich als Selbstzweck gilt, das wahre Reich der Freiheit, das aber nur auf jenem Reich der Notwendigkeit als seiner Basis aufblühn kann.«[36] Wir können das Reich der Notwendigkeit nur auf ein Minimum reduzieren. »Spiel und Selbstentfaltung als Prinzipien der Zivilisation«, meinte Marcuse, »bedeuten nicht eine Umformung der (mühsamen) Arbeit, sondern deren vollständige Unterordnung unter die frei sich entfaltenden Möglichkeiten des Menschen und der Natur.«[37] Das sah er später eine Zeit lang anders, wie oben ausgeführt worden ist. Seine kulturrevolutionär-subkulturelle Version der frühromantischen Verbindung von Ästhetik und Geschichtsphilosophie, gesehen durch die Brille der französischen und sowjetischen Avantgarden, antizipierte – so hat es Heinz Paetzold formuliert – »die Möglichkeit eines gelungenen repressionsfreien Aufgehens der Kunst in der Gesellschaft, das heißt des dialektischen Aufgehobenseins von Kunst, wodurch diese ihre herkömmliche Gestalt abstreift und in die

Konstitutionsprinzipien einer wirklich freien Kultur verwandelt eingeht.«[38]

Ende der Kunst, Medienästhetik, Massenkultur

Selbst auf diesem vorgeschobensten Posten ließ sich Marcuse doch nicht dazu hinreißen, der Kunst den virtuellen Abschied zu geben. »Würde eine solche Verwirklichung der Kunst die traditionellen Künste außer Kraft setzen?«, fragte er 1969 in einem Vortrag im Guggenheim-Museum in New York. »Würde sie die geistige und sinnliche Fähigkeit, diese Künste zu verstehen und zu genießen, verkümmern lassen? Ich denke, nein. Die Transzendenz der Kunst hebt sie von jeder ›alltäglichen‹ Wirklichkeit ab, die wir uns vorzustellen vermögen. Auch die freie Gesellschaft hat ihre Notwendigkeiten – die Notwendigkeit der Arbeit, des Kampfes gegen Tod und Krankheit, gegen den Mangel. So bleiben die Künste Ausdrucksformen ganz und gar eigener Art, Ausdrucksformen einer Schönheit und Wahrheit, die die Wirklichkeit so nicht kennt.«[39]

Bereits hier hatte Marcuse seine allzu überschwenglichen Visionen der »Umformung von Arbeit in Spiel« fallengelassen, in denen er sich nicht lange vorher erging. Als er sah, wie die Negation der ästhetischen Form nur noch als Selbstzweck aufgefaßt wurde, besann sich Marcuse eines anderen, verabschiedete das Theorem der verwirklichten ästhetischen Utopie und betonte noch einmal den Aspekt der Utopie des Ästhetischen in der Wirklichkeit, mit dem schon seine Kulturtheorie aus den dreißiger Jahren ausgeklungen war. Nun wandte er sich wieder stärker der kritischen Ästhetik des »authentischen Kunstwerks« zu, dessen insistente Erfahrungsmöglichkeiten er als Reservoir des politisch intendierten Widerstands pries – jener »großen Weigerung«, deren Begriff Marcuse, wie in der nachgelassenen Arbeit von 1945 über Aragons Resistance-Dichtungen nachzulesen ist, aus einem ganz unpolitischen Kontext entnommen hatte, nämlich aus einer Reflexion über den semantischen Wahrheitsgehalt ästhetischer Aussagen über nicht-fiktionale Wirklichkeiten, die Alfred North Whitehead, der Lehrer Bertrand Russells, in den zwanziger Jahren angestellt hatte.

Marcuses Subversions-Ästhetik, die den »Sprachcharakter der Kunst« konsequent nach der Grammatik der klassischen Moderne rekonstruierte, scheint, in der Retrospektive, fest im widerspruchsvollen Bild der sechziger Jahre verankert, zu dem, wie Ulf Erdmann Ziegler feststellt, »die Einsichten eines wiederentdeckten Marcel Duchamp genauso« gehören »wie die ruhmreichen Jahre eines Kinderstars namens Heintje«.[40] Heute haben sich die ästhetischen und künstlerischen Entwicklungen auf den ersten Blick meilenweit von dem entfernt, was Marcuse in den sechziger und siebziger Jahren bewegte. Besonders unzeitgemäß wirkt, daß Marcuses Kunstphilosophie zentral an einem dialektischen Realismusbegriff festhielt, was ihn – verkürzt gesprochen – in einem weiten Sinne mit Lukács und Adorno verband. Kunst steht nach Marcuse in gewisser Hinsicht immer in einem mimetischen Verhältnis zur Realität, wobei hier nicht von *abbildhafter* Mimesis (von Wittfogels »Widerspiegelung«) die Rede ist, sondern von einer stilisierten und verfremdenden. Bergs *Wozzeck*, Picassos *Guernica* oder Becketts *Endspiel* – das waren die prominenten Exempel für Marcuses (von Adorno inspirierter) Konzeption »verfremdender Mimesis«. »So stiftet die Kunst ihre eigene Welt-Ordnung«, sagte er 1974 in Bremen. »In diesem Sinn ist die große Kunst immer konkret, Mimesis der Realität, Entfremdung, die doch der vertrauten Wirklichkeit verbunden bleibt. Die abstrakte Kunst, welche nicht diese realitätsgetreue Mimesis bewahrt«, dekretierte er schroff, »ist nur Dekoration«.[41]

Es ist jedoch gerade dieser Konnex zwischen Kunst und Realität, der Marcuses Ästhetik, die aus dem vergangenen Jahrhundert stammt, immer noch mit den Problemstellungen der Gegenwart verbindet. Der zwar mimetische, aber nicht kritisch-verfremdende Realismus der neuen audiovisuellen Medien, und auch die wiedergewonnene Gegenständlichkeit und Bildlichkeit der bildenden Künste im Horizont der Postmoderne, sind Indikatoren dafür, daß Marcuses Überlegungen noch relevant sind. Und in direktem Zusammenhang mit den genannten Tendenzen steht auch der Neo-Sensualismus der gegenwärigen Medienästhetik. Friedrich Balke hat ihn kürzlich so beschrieben: »Die neuen Medien, die sich nicht mehr nach dem literarischen Wirkungsmodell beschreiben lassen, engagieren ihre Benutzer auf eine viel direktere, körperliche Weise, als es die vormalige Buchkultur tat. Was bei Nietzsche noch philosophische Spekulation war, die Gründung der Kunst auf Physiologie, wird von Ingenieuren implementiert, die Kanäle installieren, auf denen Töne und Bilder ohne Umweg über den Buchstabencode direkt auf die menschlichen Sinne wirken.« Dadurch wird viel von »der performativ-motorischen Dimension der ästhetischen Erfahrungen« zurückgewonnen, die in unserer Schriftkultur durch das »literarische Modell der exclusiven Kopplung des Diskurses an das ›innere Erlebnis‹ verdrängt« worden ist.[42] Solche Verschiebungen lassen sich mit Marcuses Kategorien begreifen und aufklären: Denn einer kritischen Theorie der heutigen Medienästhetik, die aus der Verbindung von Computer- und Telekommunikationstechnologie hervorging, kann es nicht um die Verklärung der sogenannten Ereigniskultur gehen oder um die Apologie der massenkulturellen »Erlebniswelten« der Shopping Malls und Freizeitparks. Die sind, mit den Worten von Georg Franck, zeitgemäße »Großformen des inszenierten Konsums«, die der gegenwärtigen ökonomischen Dominanz von Kommunikations- und Dienstleistungssektor Rechnung tragen, indem sie – mit Hilfe der Techniken einer »effektvollen Vergröberung« und des »routinierten Spiels mit starken Reizen« – eine »optische Wegelagerei« im verschärften »Kampf um massenhafte Aufmerksamkeit« treiben.[43]

Auch Marcuses Theorie der Massenkultur ist so gesehen nach wie vor hilfreich. Kunstwerke – das waren für ihn nicht nur Arbeiten vom Rang Goethescher oder Brechtscher Gedichte, Beethovenscher und Bergscher Kompositionen und Cézannescher oder Picassoscher Malerei, sondern auch Produktionen, die die Signatur der spätmodernen Massenmedien tragen: Songs von Bob Dylan, Fotos, Filme oder Jazz. Marcuse hörte und schaute sich eben genau an, was da im einzelnen vor sich ging, und das war, zum Beispiel, je etwas anderes im Free Jazz und in der kommerziell etablierten Rock-Musik: hie Improvisation und kompositorische Freiheit, da verdinglichter Gruppen- und Schallplattenkult etc. Er beobachtete, wie dem Jazz in der Umarmung der Unterhaltungsindustrie allmählich die kritisch-transzendente »Luft von anderen Planeten« ausging; aber er zog nicht den Schluß, daß der kommerziell induzierte »Zusammenbruch der Unterscheidung zwischen E- und U-Musik« in den sechziger Jahren einfach nur Ausdruck falschen Bewußtseins wäre. Nein, auch ein legitimes ästhetisches Bedürfniss sah er hierin zu seinem Recht kommen.

Noch einmal zurück zu Marcuses Vortrag vor den Musikern in Boston: Hier stellte er die These auf, daß die populäre Musik insofern eine »legitime Erbin der klassischen Musik« sei, als sie ein Ferment von Humanität enthalte, das zuvor etwa im Humanismus der Beethovenschen Symphonik gewirkt hätte; einer Formensprache, die im Jahrhundert der Destruktivität, von Auschwitz, Vietnam und Biafra nicht mehr *state of the art* sein könne, »weshalb diese Formen zerstört und durch andere ersetzt werden müssen«. Wie wir gesehen haben, war ihm das schon bald darauf nicht mehr geheuer. Aber die andere Seite seiner These zur populären Musik, die er in Boston entfaltete, mußte nicht revoziert werden. Sie bezog sich auf die Dimension ästhetischer Erfahrung, die in unserer literarisierten Kultur seit der Klassik verdrängt worden ist, speziell in musicis ins subalterne Reich der Tanz- und Marschmusik: die somatische Teilhabe am performativen Geschehen, also gleichsam die »Übersetzung« der Musik in die leibliche Wirklichkeit der Hörenden, »die Übersetzung der klanglichen Bewegung (des Körpers der Rezipienten) im Raum«. Der »qualitative Wandel«, den die schwarze Musik eingeleitet habe, sei »Eruption und Ausdruck eines Lebens, einer Erfahrung außer- und unterhalb des tradierten Universums selbst noch der atonalen Musik«, sei eine »entsublimierte Musik, die die Klangbewegung direkt in Körperbewegung überträgt«, eine »nicht-kontemplative Musik, die die Kluft zwischen Aufführung und Rezeption überbrückt, indem sie den Körper direkt (fast automatisch) in eine spontane Bewegung versetzt, die ›normale‹ Bewegungsmuster durch subversive Klänge und Rhythmen verzerrt und verdreht.« Und das, ohne die hörend-mitvollziehenden Individuen regressiv in den Bann von Marschtakt oder Rattenfänger-Hörigkeit zu schlagen. Die ganze Generation, begeisterte sich Marcuse, »folgt nur sich selbst und der Melodie ihres Körpers.«[44] Dancing in the Street! Wie schnell diese dionysischen Möglichkeiten dann in Rockkonzerten und -festivals, im neuen Konformismus verspielt wurden, ist Marcuse aber auch nicht entgangen.[45]

Eine heutige Ästhetik der Massenkultur findet hier triftige Kategorien und Theoreme, und ebenso im Kontext von Marcuses Reflexionen zur Wanderung zwischen den Welten des »Ästhetischen« und des »Wirklichen«. Wenn man genau untersuchen will, was an der neuen physiologisch-ästhetischen Konkretheit der audiovisuellen Medien dran ist, kann man vom »Aufhebung-durch-Verwirklichungs-Modell« der sensualistisch-subversiven Ästhetik Marcuses einiges lernen, auch nachdem das »sensuelle High der sechziger

Jahre« (Ulf Erdmann Ziegler) nur noch Gegenstand der Erinnerungen ist. – Und dann sind da ja noch die Meditationen über Liebe und Erinnerung bei und nach Proust, denen ich nicht mit Kommentaren zu nahe treten möchte; sie sind auch für Marcuse-Kenner eine Überraschung und gehören zum Konzentriertesten und Schönsten, was er hinterlassen hat.

Nachweise und Anmerkungen

1 Die Institutsbesetzer haben Adorno vermutlich an einen Sturmtrupp erinnert. – Vielleicht konnte Marcuse, mit der Optik der Situation in den USA, nicht so scharf sehen, daß die Studentenrebellion an den Universitäten der Bundesrepublik Deutschland dort am meisten Druck entfaltete, wo der Widerstand am geringsten war, nämlich bei ihren Freunden unter den Hochschullehrern. Es blieb die Ausnahme, daß auch einmal Vorlesungen oder Institute reaktionärer Professoren gesprengt und besetzt wurden; zur klammheimlichen Freude, auch zur vollmundig-lauten Gaudi der Rechten drangsalierten die Antiautoritären mit Vorliebe ihre eigenen, mehr oder weniger marxistischen, »Autoritäten«. Die apologetische Ideologie erklärte das damit, daß man ja gerade die Auseinandersetzung mit denen suche, deren theoretische Analysen dem Protest zugrundelägen, die aber in der Praxis »versagt« hätten, weil sie es versäumt hätten, »die Organisationsfrage zu stellen«, wie das in Hans-Jürgen Krahls leninistischem Jargon hieß. Auf den ersten Blick sehen solche Rechtfertigungen heute wie rationalisierte Feigheit aus, auf den zweiten wie Rationalisierungen der symbolischen Tötung einst verehrter Vorbilder, also wie ein pubertäres Aufbegehren.
2 Die Stellen aus der Korrespondenz zwischen Marcuse und Adorno im Jahre 1969 sind zitiert nach der vorzüglichen Dokumentation: *Frankfurter Schule und Studentenbewegung. Von der Flaschenpost zum Molotowcocktail. 1946-1995*, hg. v. Wolfgang Kraushaar, Bd. 2, Hamburg 1998, S. 541 ff. – Siehe zu diesem Thema auch das sechste Heft der *Frankfurter Adorno-Blätter*, hg. v. Rolf Tiedemann, München 2000, in dem Jan Philipp Reemtsmas ingeniöse Text-Collage »Domine conserva nos in pace. Versuch, ein Endspiel zu verstehen« sowie umfangreiches dokumentarisches Material publiziert ist, das zum Verständnis der Kontroverse beiträgt.
3 Er sei kein Anarchist, sagte Marcuse in einem Interview, das er 1969 der Zeitschrift *Twen* gab, weil er sich nicht vorstellen könne, wie man einer Gesellschaft, die eine straff organisierte Unterdrückung jeder Opposition betreibt, etwas entgegensetzen könne, ohne sich seinerseits zu organisieren. Gleichwohl meinte er, daß auch »das anarchistische Element eine sehr trei-

bende und sehr fortschrittliche Kraft ist. Und daß man dieses Element erhalten muß – als einen der Faktoren, die einen viel weitreichenderen und strukturierteren Prozeß ermöglichen«, als der Anarchismus selbst vorsehe. (Herbert Marcuse, »Der Zwang, ein freier Mensch zu sein«, *Twen*-Interview, Juni 1969, in: *Frankfurter Schule und Studentenbewegung. Von der Flaschenpost zum Molotowcocktail. 1946-1995*, a. a. O., S. 644.)
4 Herbert Marcuse, *Die Gesellschaftslehre des sowjetischen Marxismus,* übers. von Alfred Schmidt, Neuwied und Berlin 1964. (Die amerikanische Originalausgabe erschien 1958 in New York.)
5 Vgl. dazu Christoph Görg, »Kritik der Naturbeherrschung«, in: *Zeitschrift für kritische Theorie,* Heft 9, 1999, S. 82 f.
6 *Frankfurter Schule und Studentenbewegung. Von der Flaschenpost zum Molotowcocktail. 1946-1995,* a. a. O., S. 654.
7 Oskar Negt, »Marcuses dialektisches Verständnis von Demokratie«, Einleitung zu: Herbert Marcuse, *Nachgelassene Schriften* Bd. 1: *Das Schicksal der bürgerlichen Demokratie,* hg. v. Peter-Erwin Jansen, Lüneburg 1999, S. 20.
8 Marcuse, *Zeit-Messungen,* Frankfurt a. M. 1975, S. 66.
9 »Ten Years on Morningside Heights. A Report on the Institute's History«, 1934-1944, zitiert nach: Martin Jay, *Dialektische Phantasie. Die Geschichte des Instituts für Sozialforschung 1923-1950,* Frankfurt a. M. 1987, S. 213.
10 Karl August Wittfogel, »Weiteres zur Frage einer marxistischen Ästhetik« (*Linkskurve,* Juli 1930) und: »Nochmals zur Frage einer marxistischen Ästhetik« (*Linkskurve,* September 1930), in: Karl August Wittfogel, *Beiträge zur marxistischen Ästhetik,* hg. v. Andreas W. Mytze, Berlin 1977, S. 14 bzw. 18.
11 Jost Hermand, *Avantgarde und Regression. 200 Jahre deutsche Kunst,* Leipzig 1995, S. 180.
12 Marcuse, *Versuch über die Befreiung,* a. a. O., S. 40 f.
13 Man muß einmal gehört haben, wie der alte Marcuse mit sonorer Stimme, nachdrücklichem Ernst und kräftigem amerikanischen Akzent das Wort »Form« aussprach (z. B. in dem deutschen Fernseh-Interview, das er nach Adornos Tod gab).
14 Franz Koppe, »Durchsichtig als Situation und Traum der Menschheit. Grundzüge einer Kunstphilosophie im Ausgang von Herbert Marcuse«, in: *Kritik und Utopie im Werk von Herbert Marcuse,* hg. vom Institut für Sozialforschung, Frankfurt a. M. 1992, S. 250 bzw. 251.
15 Marcuse,»Musik von anderen Planeten«, in diesem Band, S. 90
16 Heinrich Klotz, *Kunst im 20. Jahrhundert. Moderne – Postmoderne – Zweite Moderne,* München 1994, S. 29.
17 Hermand, a. a. O., S. 174.
18 Anne Hoormann hat die Hauptintention dieser zivilisiert-zivilisationskritischen Kunstrichtung, die charakteristisch für ein verändertes Nachdenken über das gesellschaftliche Naturverhältnis in den fortgeschrittenen Industriegesellschaften ist, so beschrieben: »Die Tendenz, daß Material

schlechthin als künstlerisches Mittel autonom wird, läßt sich seit dem ausgehenden 18. Jahrhundert beobachten. Seitdem bildete sich das Material mehr und mehr zu einem eigenständigen Gestaltungsfaktor und Ausdrucksträger heraus. Dabei traten die ästhetischen Qualitäten des Materials in den Vordergrund, während die Form, die bis dahin das Material beherrschte, zurückgedrängt wurde. [...] In den sechziger Jahren griff in den USA die Pop- und Minimalart auf die Ästhetik der frühen Objektkunst zurück. Das Industrieprodukt wurde zur Ikone schlechthin. Die Pop-art glorifizierte das industrielle Konsumobjekt, die Minimalart dagegen konzentrierte sich auf den industriellen Fertigungsprozeß und das industriell gefertigte Material. Gegen diese Aufwertung industrieller Materialien und Produkte setzte die Land-art, die sich 1968 mit ihren ersten Projekten in den Wüsten der USA einer Kunstöffentlichkeit präsentierte, die Stoffe der Natur, die weitgehend in ihrem Naturzustand belassen wurden. Auch wieder in den Naturkreislauf zurückgeführte Materialien wie Kriegs- und Industrieschutt begriff die frühe Land-art als ihr Material. Die mit Erdmaterialien arbeitende Kunst entwickelte damit ein Gegenkonzept zu den industriellen Verwertungsmechanismen von Natur.« (Anne Hoormann, *Land-art. Kunstprojekte zwischen Landschaft und öffentlichem Raum*, Berlin 1996, S. 9 f.)

19 Marcuse, »Zur Kritik an der Politisierung der Kunst. Briefe an die Gruppe der Chicago Surrealists«, in diesem Band, S. 125-127.

20 Rudolf Burger, »Die Heuchelei in der Kunst«, in: *Wespennest* Heft 113, 1999.

21 Marcuse, *Versuch über die Befreiung*, aus dem Amerikanischen von Helmut Reinicke und Alfred Schmidt, Frankfurt a. M. 1969, S. 59, Fußnote 8.

22 Marcuse, *Der eindimensionale Mensch. Studien zur Ideologie der fortgeschrittenen Industriegesellschaft*, übers. von Alfred Schmidt, Neuwied und Berlin 1967, S. 76 ff.

23 Siehe Max Horkheimer und Theodor W. Adorno, *Dialektik der Aufklärung. Philosophische Fragmente*, in: Horkheimer, *Gesammelte Schriften* Bd. 5, hg. v. Gunzelin Schmid Noerr, Frankfurt a. M. 1987, S. 144 ff. – Zur gegenwärtigen Debatte des Konzepts »Kulturindustrie« siehe die Beiträge von Roger Behrens, Rodrigo Duarte, Heinz Steinert, Moshe Zuckermann und Oliver Fahle, in: *Zeitschrift für kritische Theorie*, Hefte 10 u. 11/2000.

24 Vgl. Reinhard Mohr, »Die Tyrannei der Lust«, in: *Der Spiegel* 27/2000, S. 142 ff. – Mohr diskutiert freilich auch die Paradoxie der Omnipräsenz des Sexuellen. Seine Bedeutung im Triebhaushalt der Menschen scheint sich zunehmend ins Reich der Vorstellung, der Bilder, zu verlagern. Partialbefriedigungen, die über zeichenhaft codierte Erlebniswelten zu haben sind, scheinen unterdessen »wichtiger geworden« zu sein »als die profane Realisierung«; »das Gefühl von Rausch und Ekstase« scheint »reizvoller als der eigentliche Beischlaf, der oft genug die hoch gespannten Erwartungen enttäuscht« (S. 145).

25 Marcuse, »Lyrik nach Auschwitz«, in diesem Band, S. 161.
26 Marcuse, *Versuch über die Befreiung*, a. a. O., S. 68.
27 Marcuse, *Die Permanenz der Kunst. Wider eine bestimmte marxistische Ästhetik*, München-Wien 1977, S. 74. – Die gleichlautende Passage in diesem Band, eine Vorstufe zur *Permanenz der Kunst*, steht auf S. 144.
28 Koppe, a. a. O., S. 249. – In den Vorträgen und Diskussionen mit dem Berliner SDS hatte Marucse noch geglaubt, das Ende der Utopie stehe bevor. Er wandelte Gehlens Topos vom Posthistoire mit Blick auf das Vorgeschichts-Theorem von Marx ab: »Das Ende der Utopie, das heißt die Widerlegung jener Ideen und Theorien, denen der Begriff der Utopie zur Denunziation von geschichtlich-gesellschaftlichen Möglichkeiten gedient hat, kann nun auch in einem sehr bestimmten Sinn als ›Ende der Geschichte‹ gefaßt werden, nämlich in dem Sinne, daß die neuen Möglichkeiten einer menschlichen Gesellschaft und ihrer Umwelt [...] nicht mehr als Fortsetzung der alten, nicht mehr im selben historischen Kontinuum vorgestellt werden könnten, daß sie vielmehr einen Bruch mit dem geschichtlichen Kontinuum voraussetzen, jene qualitative Differenz zwischen einer freien Gesellschaft, die nach Marx in der Tat alle bisherige Geschichte zur Vorgeschichte der Menschheit macht.« Rekapitulieren wir diesen sehr dicht formulierten Gedankengang: Der Beginn der Geschichte der Menschheit, ermöglicht durch Entfesselung der technischen Produktivkräfte aus ihrer destruktiven Umklammerung durch ökonomische Zwänge, wodurch es zu einer »Konvergenz von Technik und Kunst« und zur »Konvergenz von Arbeit und Spiel« käme – dieser Beginn der Geschichte der Menschheit wäre demnach also zugleich ihr Ende. Das ist eine geschichtsphilosophische Spekulation, die Benjamins messianischem Denk-Bild vom »Engel der Geschichte« verpflichtet ist. Aber ob Marcuse hier wirklich behaupten wollte, daß erst das Ende der Geschichte, die ewige Jetztzeit des profanisierten nunc stans, der Anfang davon wäre, daß die Menschen ihre Verhältnisse selbst und bewußt bestimmen – ob erst diese eigenartige Konvergenz von Ende und Anfang der Geschichte eintreten müßte, oder ob es geschichtsphilosophisch nicht auch in etwas kleinerer Münze zu haben ist, das bleibt an dieser Stelle leider unklar. (Marcuse, *Das Ende der Utopie. Vorträge und Diskussionen in Berlin 1967*, Frankfurt a. M. 1980, S. 9 bzw. S. 17.)
29 Marcuse, »Über den affirmativen Charakter der Kultur«, in: *Zeitschrift für Sozialforschung*, Jahrgang 6 (1937), S. 76 (Reprint, München 1980).
30 A. a. O., S. 63.
31 A. a. O., S., 76.
32 A. a. O., S. 90-92.
33 Anders als die anderen Schulhäupter der Kritischen Theorie formulierte Marcuse seine anthropologischen Überlegungen nie nur ex negativo. Gunzelin Schmid Noerr hat diesen wichtigen Unterschied treffend kommentiert: »Wenn auch jede Form von Gesellschaftskritik strukturell einen normativen

Hintergrund in Anspruch nimmt, dem sie ihre Kriterien entnimmt, so ließ sich Marcuse dabei doch sehr viel weiter und unbefangener auf positiv-materiale Bestimmungen ein als etwa Horkheimer und Adorno.« (Gunzelin Schmid Noerr, »Die Permanenz der Utopie – Herbert Marcuse«, in: *Zeitschrift für kritische Theorie*, Heft 4, 1997, S. 57.
34 Marcuse, *Triebstruktur und Gesellschaft*, a. a. O., S. 192.
35 A. a. O., S. 186.
36 Karl Marx, *Das Kapital*, 3. Bd., Frankfurt a. M. 1968, S. 828.
37 Marcuse, *Triebstruktur und Gesellschaft*, a. a. O., S. 194.
38 Heinz Paetzold, *Neomarxistische Ästhetik*, Teil 2, Düsseldorf 1974, S. 113.
39 Marcuse, »Kunst als Form der Wirklichkeit«, in diesem Band, S. 106.
40 Ulf Erdmann Ziegler, »Retro-Jahrzehnte«, in: *Merkur*, 54. Jg., Heft 6 (Juli 2000), S. 532.
41 Marcuse, »Kunst und Befreiung«, in diesem Band, S. 143.
42 Friedrich Balke, »Die Tyrannei der Medien und die Literatur«, in: *Merkur*, 54. Jg., Heft 5 (Mai 2000), S, 454 bzw. 452.
43 Georg Franck, »Medienästhetik und Unterhaltungsarchitektur«, in: *Merkur*, 54. Jg., Heft 7 (Juli 2000), S. 595 u. 594.
44 Marcuse, »Musik von anderen Planeten«, in diesem Band, S. 91-93.
45 »Die ›Gruppe‹ wird zu einer verdinglichten Entität, welche die Individuen absorbiert; sie ist ›totalitär‹, sofern sie das individuelle Bewußtsein überwältigt und ein kollektives Unbewußtes mobilisiert, das ohne gesellschaftliche Grundlage bleibt. Und in dem Maße, wie diese Musik ihren radikalen Impetus verliert, tendiert sie zur ›Vermassung‹: die Zuhörer sind Massen, die zu einem Spektakel, einer Veranstaltung strömen. Zwar nehmen die Zuhörer aktiv an einem solchen Spektakel teil: die Musik *bewegt* ihre Körper, macht sie ›natürlich‹. Aber ihre (buchstäblich) elektrische Erregung nimmt oft hysterische Züge an. Sind die Aggressivität des endlos wiederholten, hämmernden Rhythmus (dessen Variationen keine neue Dimension der Musik eröffnen), die aneinandergezwängten Dissonanzen, die standardisierten, ›gefroreren‹ Verzerrungen, der Geräuschpegel überhaupt nicht ein Ausdruck der Enttäuschung, des Unbehagens? Und die immer gleichen Gebärden, das Drehen und Schütteln der Körper [...] – das alles erscheint wie ein Auf-der-Stelle-Treten, das Zusammenkommen einer Masse, die sich bald wieder zerstreut. Diese Musik ist im wörtlichen Sinn *Imitation, Mimesis* wirksamer Aggression: sie ist darüber hinaus eine besondere Art von *Katharsis*: eine Gruppentherapie, die vorübergehend von Hemmungen befreit. Befreiung bleibt hier eine private Angelegenheit.« (Marcuse, *Konterrevolution und Revolte*, aus dem Englischen von Alfred Schmidt unter Mitwirkung von Rolf und Renate Wiggershaus, Frankfurt a. M. 1973, S. 134 f.) It's only rock'n'roll, but he didn't like it: Marcuses rezeptionsästhetische Kritik der Rock-Szene bilanziert die Verluste und zeigt die Schattenseiten des Nachlebens der antiken ästhetischen Kategorien Mimesis und Katharsis in der spät-

kapitalistischen Kunstindustrie der ausgehenden Moderne – aber das entkräftet seine These von der dionysischen, physiologischen Wahrheit der populären Musik nicht. Zwischen Bob Dylans artistischer Song-Lyrik oder Jimi Hendrix' genialer musikalischer Überblendungstechnik, die auf dem Woodstock-Festival die kriegerische Gewalt der Freiheit ›zur Kenntlichkeit entstellte‹, und Mick Jaggers Führungs-Ritualen, die die Gemeinde zusammenschweißte, lagen nur kurze Zeitabstände, aber ästhetische Welten. Die rhythmischen Motown-Raffinessen aus Detroit, die die Physis steigern, und das Dumpfbacken-Gewummere in Riesenarenen, auf ostdeutschen Glatzen-Treffs oder entlang der durchgeseichten Marschrouten der Love-Parade haben durchgehaltene Zählzeiten und das Primat des Generalbaßschemas gemeinsam, aber mehr auch nicht. – Siehe zur heutigen Diskussion: Roger Behrens, »Schwierigkeiten einer Philosophie der Popkultur«, in: *Kultur – philosophische Spurensuche*, hg. v. G. Schweppenhäuser u. J. H. Gleiter, Weimar 2000, S. 94-110.

Herbert Marcuse mit Studenten in San Diego (1967). Foto: Harry Crosby, Marcuse Archiv, Stadt- und Universitätsbibliothek Frankfurt am Main

ARSENAL
SURREALIST SUBVERSION

3714 North Racine Avenue
Chicago, Illinois 60613

16 April 1973

Dear Comrade Marcuse,

It was a real pleasure to receive your critical remarks on the various comments to your paper. Following a too brief but still enchanting expedition through the Everglades, and in the midst of a continuing series of Buster Keaton movies here, your remarks add to that specifically poetic fire that lights the footsteps of those who, despite everything, are still seeking, and also serves to ignite the energy that sends us plunging into the adventure that beckons at every door worth knocking on. The succinct precisions in your remarks are such that I would now considerably alter much of what I wrote in the paper I sent you. As regards the future of surrealism you have undeniably posed certain problems that we cannot afford to overlook or deny. Differences aside (I still cannot agree with your views on automatism, for example; and your citing of the Mexico manifesto of 1938 seems to ignore that it was co-authored by Breton and Trotsky, though signed only by Breton & Rivera) I think this discussion has already been stimulating and clarifying for all of us here, and we look forward to its continuing. We are certainly eager to meet with you when you arrive in Chicago.

We hear from Micheline and Vincent Bounoure that they have asked your permission to publish a French translation of your original paper in their Bulletin de Liaison Surréaliste, a strictly internal publication with a circulation of 100 copies. It is surely desirable that your comments be brought to the attention of our surrealist friends in all countries, and I hope you will agree to its publication in this form.

You should know that at a meeting in mid-March the Surrealist Group definitively parted company with David Schanoes, whose ultimatist belligerence and pompous chest-thumping humbug reached such proportions that his further participation in our activity became an impossibility.

Lastly, I must repeat --- and this time not without a certain note of desperation! --- that, aside from your general views on the future of surrealism, we also and especially long to know your estimate of our own very particular surrealist activity as it is manifested here & now. I would like very much to know, for example, what you think of our efforts on the poetic plane --- of the poetry by Penelope, by Paul Garon, by the others whose poems are published in ARSENAL, and of my own poems. I hope your next letter will contain at least a few lines on this subject.

Looking forward eagerly to hearing from you again soon, and hoping to meet with you when you are here,

with surrealist greetings,
and because liberty can never be a statue,

Franklin Rosemont

Franklin Rosemont

Brief und Umschlag (links) von Franklin Rosemont an Herbert Marcuse.
Marcuse Archiv, Stadt- und Universitätsbibliothek Frankfurt am Main

Handschriftlicher Briefentwurf Herbert Marcuses an Samuel Beckett.
Marcuse Archiv, Stadt- und Universitätsbibliothek Frankfurt am Main

December 13, 78

Dear Samuel Beckett:

I have hesitated endlessly until decided that I must write to you. I am afraid my letter would just be another fan letter but I can't help it. The poem which you published, for my 80th birthday, in Akzente, was for me more than I could describe: I felt the admiration I had for your work had somehow reached you. I have always felt that in the hopeless suffering of your men and women, the point of no return has been reached. The world has been recognized as what it is, called by its true name. Hope is beyond our power to express it. But only under the Prinzip Hoffnung could a human being write what you have written.

In great gratitude

Umschlag (oben) und Antwortbrief Becketts an Marcuse.
Marcuse Archiv, Stadt- und Universitätsbibliothek Frankfurt am Main

pas à pas
nulle part
nul seul
ne sait comment
petits pas
nulle part
obstinément

Schritt um Schritt
in keiner Richtung
weiß nicht wie
schrittchenweise
in keiner Richtung
voll Eigensinn

Gedicht von Samuel Beckett zu Herbert Marcuses 80. Geburtstag, abgedruckt in *Akzente*, Heft 3/Juni 1978.
(Deutsche Übersetzung – »Schritt um Schritt« –
in: Samuel Beckett, *Gesammelte Werke, Szenen, Prosa, Verse*.
© Suhrkamp Verlag, Frankfurt am Main 1995.)

Kunst und Politik im totalitären Zeitalter
Einige Bemerkungen zu Aragon

Im September 1945 wechselte Herbert Marcuse vom Office of Strategic Services (OSS) zum Office of Intelligence Research (OIR), das dem Department of State unterstellt war. Genau auf diesen Monat ist das Typoskript »Some Remarks On Aragon: Art and Politics in the Totalitarian Era« (HMA 134.01) datiert. Vom Zeitpunkt seiner Entstehung aus gesehen, gehört dieser Text zu den Arbeiten, die Marcuse während seiner Zeit im OSS über Nazideutschland verfaßte (vgl. Herbert Marcuse, *Feindanalysen. Über die Deutschen*, Lüneburg 1998).

In den *Feindanalysen* untersuchte Marcuse unter sozialen, politischen und psychologischen Aspekten die Entstehung und Etablierung der »neuen deutschen Mentalität«, die sich während der nationalsozialistischen Herrschaft herausbildete. Nur in kurzen Textpassagen geht Marcuse auf die Funktionalisierung der Kunst im Nationalsozialismus, auf deren propagandistische Ausrichtung und auf das Verhältnis von Kunst und Politik im allgemeinen ein. Charakter und Inhalt des Textes zu Aragon unterscheiden sich von den anderen Arbeiten dieser Jahre. Die Deutschlandanalysen für den OSS sind in Stil und Form als Memoranden verfaßt. Dagegen erinnert der Aragon-Text stilistisch eher an einen Rezensionsessay. Es ist zu vermuten, daß die Arbeit weder im Auftrag des OSS geschrieben wurde, noch für das Büro gedacht war.

Marcuse diskutiert die Wechselwirkung von Kunst und Politik. An der Dichtung und Literatur der französischen Surrealisten während der Résistance zeigt er, daß Kunst »selbst im totalitären Zeitalter« Möglichkeiten beinhaltet, die bestehende, repressive Wirklichkeit zu transzendieren. Nicht im Inhalt des Kunstwerkes, sondern in der Bewahrung der künstlerischen Form sieht Marcuse den emanzipatorischen Kern der Kunst. »Die oppositionelle, die negierende Kraft der Kunst wird in der Form erscheinen, im künstlerischen Apriori, das den Inhalt gestaltet«, schreibt Marcuse in diesem Text. Sein Begriff des »authentischen Kunstwerks« ist es, der ihn in seinen Ausarbeitungen zur Ästhetik in die Nähe der ästhetischen Theorie der übrigen Kritischen Theoretiker, besonders Adornos und Benjamins, rückt.

Auf dem Deckblatt des 33-seitigen Typoskripts sind der Titel »Some Remarks On Aragon: Art and Politics in the Totalitarian Era« und die Zeitangabe »September 1945« vermerkt. Der Schrifttyp der ersten Seite unterscheidet sich von dem der übrigen Seiten. Die Originalpaginierung beginnt mit der Seitenzahl eins. Die darauffolgende Seite trägt bereits die Zahl acht. Die Seitenzahlen sind handschriftlich und mit Bleistift nachträglich vermerkt. Ungeklärt ist, ob die Seiten zwei bis sieben verlorengingen oder von Marcuse entfernt wurden. Im Gegensatz zu den Kapiteln III und IV weisen die Kapitel I und II umfangreiche Streichungen sowie handschriftliche Korrekturen und Ergänzungen Marcuses auf. Aus welchem Jahr diese Änderungen stammen, ist nicht ersichtlich. Sie sind hier berücksichtigt. Douglas Kellner zufolge, dem Herausgeber der US-amerikanischen Marcuse-Ausgabe, könnten diese handschriftlichen Änderungen aus den siebziger Jahren stammen. Diese Vermutung wird dadurch gestützt, daß Marcuse zu der Zeit sehr intensiv an Texten zur Ästhetik und Kunst arbeitete. Zahlreiche Vortragsentwürfe und sein Interesse am Surrealismus in jenen Jahren untermauern diese Annahme. Im Marcuse-Archiv befinden sich keine weiteren Hinweise, die darauf schließen lassen, mit welcher Absicht und in welchem Kontext Marcuse diesen Text erstellte. Auch die Korrespondenz gibt darüber keine Auskunft.

Der Text erschien 1993 erstmals in englischer Sprache in *Theory, Culture & Society,* vol. 10, S. 181-195. Die hier vorliegende deutsche Fassung wurde 1998 in *Deutsche Zeitschrift für Philosophie,* 4/1998, S. 679-693 abgedruckt. Die Übersetzung besorgte Stephan Bundschuh.

I.

Intellektuelle Opposition gegenüber der herrschenden Lebensform scheint zunehmend hilflos und unwirksam zu werden. Die Materialisierung des Ziels dieser Opposition: Befreiung des Menschen von Herrschaft und Ausbeutung, schlug fehl, obwohl die historischen Bedingungen für seine Verwirklichung erreicht worden sind. Die revolutionären Kräfte, welche die Freiheit verwirklichen sollten, werden vom allumfassenden System der monopolistischen Kontrollen assimiliert. So anscheinend ohne eine wirkliche Gemeinsamkeit und einen greifbaren Bezug gelassen, verlieren jetzt das Wort, das Bild, der Ton, die früher der herrschenden Ordnung gegenüber antagonistisch und transzendent waren, ihre entfremdende Kraft. Revolutionäre Gesellschaftstheorie bleibt selbst da akademisch, wo sie das richtige soziale und politische Handeln festgelegt, und dieses Handeln selbst wird entweder mit den bestehenden Mächten koordiniert oder von diesen ohne Resonanz zerstört. Alle Anklagen werden von dem System, das sie anklagen, leicht absorbiert. Die Zurschaustellung der Konzentrationslager und der kontinuierlichen Liquidation der antifaschistischen Kräfte bringt überall in der Welt Bestseller oder Filmhits hervor. Revolutionäre Kunst wird schick und klassisch. Picassos *Guernica* ist ein geschätztes Museumsstück.

Die intellektuelle Opposition steht so vor der offensichtlichen Unmöglichkeit, ihre Aufgabe und ihr Ziel in solch einer Weise zu formulieren, daß die Formulierung den Bann der totalen Assimilation und Standardisierung bricht und die gewaltsame Basis der gegenwärtigen Existenz berührt.

II.

Die fortschreitende Assimilation allen Inhalts an die monopolistische Massenkultur stellte den Künstler vor ein spezielles Problem. Kunst, als ein Mittel der Opposition, hängt von der entfremdenden Kraft der ästhetischen Schöpfung ab: von ihrer Stärke, fremd, antagonistisch, transzendent gegenüber der Normalität und als das Reservoir der unterdrückten Bedürfnisse, Fähigkeiten und Wünsche des Menschen zugleich wirklicher als die Wirklichkeit der Normalität zu bleiben.

»Die tatsächliche Relevanz unwahrer Aussagen für jedes wirkliche Ereignis tritt zutage durch Kunst, Poesie und durch auf Ideale gegründete Kritik. [...] Die Wahrheit, daß irgendeine Aussage über ein wirkliches Ereignis unwahr ist, kann die entscheidende Wahrheit über die ästhetische Vollendung zum Ausdruck bringen. Sie bekundet die ›große Weigerung‹, die ihr primäres Charakteristikum ist.«[1] Wie kann Kunst inmitten der alles assimilierenden Mechanismen der Massenkultur ihre entfremdende Kraft wiedererlangen, fortfahren, die große Weigerung auszudrücken?

Wenn aller Inhalt vom monopolistischen Lebensstil gleichgeschaltet[2], vereinnahmt und absorbiert wird, kann die Lösung möglicherweise in der Form gefunden werden. Befreie die Form vom feindlichen Inhalt, oder genauer, mache die Form zum einzigen Inhalt, indem du sie zum Werkzeug der Zerstörung machst. Gebrauche das Wort, die Farbe, den Ton, die Linie in ihrer ganzen Reinheit als den genauen Widerspruch und die völlige Negation allen Inhalts. Aber auch dieser Schock wurde schnell absorbiert, und das Unterbewußte[3], das er enthielt, wurde leicht ein Teil des offiziellen Bewußtseins. Der surrealistische Schrecken wurde vom wirklichen Schrecken übertroffen. Die intellektuellen Avantgardisten traten den Kommunisten bei, spalteten sich an der Frage des Stalinismus, kämpften mit den Kräften der Résistance. Jetzt feiern in Frankreich die Avantgardisten der zwanziger und frühen dreißiger Jahre, die damals für »le scandale pour le scandale« arbeiteten und lebten, de Sade und Lautréamont verehrten und das »génie français« verspotteten, den strengen klassischen Stil, preisen die wahre Liebe, Leben und Tod fürs Vaterland.

Die avantgardistische Negation war nicht negativ genug. Die Zerstörung allen Inhalts wurde selbst nicht zerstört. Die formlose Form blieb intakt, abseits der universalen Verunreinigung. Die Form selbst wurde als ein neuer Inhalt stabilisiert und mußte so das Schicksal allen Inhalts teilen: Sie wurde vom Markt absorbiert. Das Problem der Formulierung blieb ungelöst. Die Arbeit der Schriftsteller der Résistance stellt eine neue Stufe der Lösung dar.

Ihre Welt ist die Wirklichkeit des totalitären Faschismus. Dies bestimmt die Totalität ihrer Kunst. Ihre Raison d'être ist das Politische. Das Politische ist die absolute Negation und der absolute Widerspruch. Aber das Politische direkt darzustellen, würde bedeuten, es als Inhalt zu setzen und damit dem monopolistischen System zu überlassen. Das Politische muß eher außerhalb des Inhalts bleiben: als das künstlerische Apriori, das vom Inhalt nicht absorbiert werden kann, aber selbst allen Inhalt absorbiert. Das Politische wird dann nur in der Weise erscheinen, in welcher der Inhalt gestaltet und geformt wird. Der Inhalt als solcher ist irrelevant und kann alles sein (weil alles heute das Objekt der totalitären Herrschaft und deshalb der Befreiung ist), aber er muß auf solche Weise gestaltet werden, daß er das negative System in seiner Totalität und zugleich die absolute Notwendigkeit der Befreiung enthüllt. Das Kunstwerk muß im Augenblick seiner Krise die Existenz von Mensch (und Natur) in ihrer ganzen Nacktheit herausstellen, allen Zubehörs der monopolistischen Massenkultur beraubt, vollkommen allein, im Abgrund der Zerstörung, Verzweiflung und Freiheit. Das revolutionäre Kunstwerk wird zugleich das esoterischste, das am meisten antikollektivistische sein, weil das Ziel der Revolution das freie Individuum ist. Die Abschaffung der kapitalistischen Produktionsweise und Sozialisationsform, die Liquidierung der Klassen sind nur die Vorbedingungen für die Befreiung des Individuums. Und diese Befreiung ist erst erreicht, wenn jeder nach seinen Bedürfnissen leben kann. Das grundlegende Prinzip sozialistischer Theorie ist einzig die absolute Negation des kapitalistischen Prinzips in all seinen Formen. Nur der volle materialistische Gehalt der Freiheit negiert alle Repression, Sublimierung und Internalisierung der Klassengesellschaft. Solche Freiheit ist die Verwirklichung der voll entwickelten Bedürfnisse, Wünsche und Möglichkeiten des Menschen, zugleich seine Befreiung vom allumfassenden Apparat der Produktion, Distribution und Verwaltung, der heute sein Leben regiert.

Dieses Ziel darzustellen, bedeutet bereits, es zu entstellen. Seine Aktualität ist so offensichtlich, seine Möglichkeit so wirklich, seine Notwendigkeit so dringend, daß seine bloße Formulierung lächerlich wirkt. Das Ziel ist in solchem Maße realistisch, daß es nicht länger eine Sache von Theorie, Darstellung, Definition und Formulierung sein kann.

Aus demselben Grund kann es hier keine künstlerische Rettung dieses Ziels geben. Kunst ist wesentlich unrealistisch: Die Wirklichkeit, welche sie hervorbringt, ist der anderen, realistischen Wirklichkeit gegenüber fremd und antagonistisch, die sie negiert und der sie widerspricht – um der zu verwirklichenden Utopie willen. Aber

Befreiung ist realistisch, ist politische Handlung, Konsequenterweise wird in der Kunst der Inhalt der Freiheit nur indirekt, in etwas anderem und durch etwas anderes hervorscheinen, das nicht das Ziel ist, aber die Kraft besitzt, das Ziel zu beleuchten. Die oppositionelle, die negierende Kraft der Kunst wird in der Form erscheinen, im künstlerischen Apriori, das den Inhalt gestaltet. Letztere mag dann den assimilierenden Mechanismen der herrschenden Ordnung zum Opfer fallen; sie mag vernichtet werden (wie alle Formen der Freiheit in einer unfreien Gesellschaft) – noch in der Vernichtung wird sie das Ziel offenbaren, das im Inhalt eher gefesselt als materialisiert war.

Die künstlerische Form, im Sinne des künstlerischen Apriori, ist mehr als die »technische« Ausführung und Ordnung des Kunstwerks: Sie ist der »Stil«, der den Inhalt auswählt und im Werk vorherrscht, indem er den zentralen Punkt angibt, der die Beziehungen zwischen den einzelnen Teilen, das Vokabular, den Rhythmus und die Struktur jedes Satzes bestimmt.

Sinnlichkeit als Stil, als künstlerisches Apriori drückt den individuellen Protest gegen Gesetz und Ordnung der Unterdrückung aus. Sinnliche Liebe gibt eine »promesse du bonheur«, die den vollen materialistischen Inhalt der Freiheit bewahrt und gegen alle Anstrengungen rebelliert, diesen »bonheur« in Formen zu kanalisieren, die mit der Ordnung der Unterdrückung vereinbar sind. Baudelaires »L'invitation au voyage« ist angesichts einer Gesellschaft, die auf dem Kauf und Verkauf der Arbeitskraft beruht, tatsächlich die absolute Negation und der absolute Widerspruch, die »große Weigerung«, »le scandale pour le scandale« und zugleich die Utopie wirklicher Befreiung.

Mon enfant, ma soeur,
Songe à la douceur[4]

verwirft die ganze Ordnung von Mühsal und Leistung, indem es ihre Versprechen und Möglichkeiten ernst nimmt:

C'est pour assouvir
Ton moindre désir[5]

Sinnlichkeit ist das Unpolitische *kat' exochon*, aber in ihrem unpolitischen Charakter bewahrt sie das Ziel politischen Handelns: Befreiung. Baudelaire hat die Aufgabe der Dichtung mit diesen Worten definiert: »C'est une grande destinée que celle de la poésie! Joyeuse ou lamentable, elle porte toujours en soi le divin caractère utopique. Elle contredit sans cesse le fait, à peine de ne plus être. Dans le cachot, elle se fait révolte; à la fenêtre de l'hôpital, elle est ardente espérance de guérison; dans la mansarde déchirée et malpropre, elle se pare comme une fée du luxe et de l'élégance; non seulement elle constate, mais elle répare. Partout elle se fait négation de l'iniquité.

Va donc à l'avenir en chantant, poète providentiel, tes chants sont le décalque lumineux des espérances et des convictions populaires!«[6]

Aufgrund dieser »promesse du bonheur« wird Liebe, als eine künstlerische Form, zu einem politischen Apriori. So erscheint sie wieder in der künstlerischen Opposition der zwanziger Jahre. Aragon schreibt 1924: »[J]e ne pense à rien, si ce n'est à l'amour. Ma continuelle distraction dans le domaine de l'esprit [...] trouve dans ce goût unique et incessant de l'amour sa véritable raison d'être. Il n'y a pour moi pas une idée que l'amour n'éclipse.«[7]

Und fünfzehn Jahre später, beim Ausbruch des Krieges, während des Kampfes gegen den Faschismus:

Ô mon amour ô mon amour toi seule existe
À cette heure pour moi du crépuscule triste[8]

1943 veröffentlicht Paul Éluard die geheime Ausgabe von *Les sept poèmes d'amour en guerre* mit den Zeilen:

[...] nous apportions l'amour
La jeunesse de l'amour
Et la raison de l'amour
[La Sagesse de l'amour]
Et l'immortalité.[9]

Diesen politischen Dichtern und aktiven Kommunisten erscheint Liebe als das künstlerische Apriori, das allen individuellen Inhalt gestaltet, zuerst und am meisten den politischen Inhalt: Sie ist der künstlerische Gegenschlag gegen die Annexion allen politischen Inhalts durch die monopolistische Gesellschaft. Der Künstler arbeitet dagegen, indem er diese Inhalte (die ihm und der Kunst eigen sind) in eine andere Sphäre der Existenz überträgt und dabei ihre monopolistische Form negiert und ihre revolutionäre Form befreit. Frankreich, das Vaterland, Widerstand, Befreiung – sie sind nicht Ziel und Zweck dieser Dichtung (obwohl sie von nichts anderem als ihnen erzählt), sondern ihr Medium, das heißt, das Medium der Liebe als dem künstlerisch-politischen Apriori. Schlicht gesagt: Das Vaterland, Widerstand, Befreiung werden nur künstlerische Inhalte, insoweit sie Vorbedingungen für die Erfüllung der »promesse du bonheur« sind. Liebe und Freiheit sind ein und dasselbe. Eléonore, »reine des cours d'amour«, zeigt ihr wahres Gesicht:

> Mais ce ne fut enfin que dans quelque Syrie
> Qu'ils comprient vraiment les vocables sonores
> Et blessés à mourir surent qu'Eléonore
> C'était ton nom Liberté Liberté chérie.[10]

Oder die eröffnende und abschließende Strophe des letzten der *Sept poèmes d'amour en guerre*:

> Au nom du front parfait profond
> Au nom des yeux que je regarde
> Et de la bouche que j'embrasse,
> Pour aujourd'hui et pour toujours
>
> Il nous faut drainer la colère
> Et faire se lever le fer
> Pour préserver l'image haute
> Des innocents partout traqués
> Et qui partout vont triompher.[11]

In diesen beiden Strophen enthält das Gedicht allen Schrecken des Faschismus und alle Hoffnung der Revolution; dazwischen die Zeilen:

> Au nom des rires dans la rue
> De la douceur qui lie nos mains
> Au noms des fruits couvrant les fleurs
> Sur une terre belle et bonne[12],

die das Bild von »L'invitation au voyage« mitten in der Résistance wiederbeleben.

Weder »La Patrie« noch »La Résistance« noch »La Libération« haben ihren Zweck in sich selbst; sie sind nur die Mittel für die »promesse du bonheur«. Der behauptete Inhalt wird so zugleich negiert, und seine Negation befreit den wahren Inhalt, das revolutionäre Ziel. Das politische wird entpolitisiert und auf diese Weise zum wahrhaft Politischen. Kunst und Politik finden ihren gemeinsamen Nenner. »[D]u point de vue surréaliste, action politique (révolutionnaire) et action créatrice ne soient que le partage arbitraire d'une même volonté fondamentale ayant pour fin de remettre l'univers en question.«[13]

Daß der politische Inhalt eine »unpolitische« Form der Darstellung erforderte, war eins der frühesten Probleme des Surrealismus 1935, während der erbitterten politischen Diskussion unter den französischen Surrealisten, zitiert Breton Courbet und Rimbaud, um zu zeigen, wie der politische Inhalt beim Künstler eine strikt »technische« Reaktion hervorruft:

»La préoccupation centrale [am Politischen, H.M.] qui s'y fait jour est manifestement encore d'ordre technique. Il est clair [...] que la grande ambition a été de traduire le monde dans un langage nouveau.«[14]

Die Sprache der Résistance-Dichtung greift das traditionelle, das klassische Vokabular der Liebe wieder auf, indem sie an die wohlbekannten Dinge und langgeübten Rituale erinnert:

Je suis à toi Je suis à toi seule J'adore
La trace de tes pas le creux où tu te mis
Ta pantoufle perdue ou ton mouchoir Va dors
Dors mon enfant craintif Je veille C'est promis.[15]

Nichts könnte anscheinend weiter von Avantgardismus, Opposition, Widerstand entfernt sein als diese Sprache. Zugleich drückt sie eine Sinnlichkeit aus, die nicht erlaubt, das Versprechen zu sublimieren:

Ecoute dans la nuit mon sang bat et t'appelle
Je cherche dans le lit ton poids et ta couleur.[16]

Oder Paul Éluard:

La source coulant douce et nue
La nuit patrout épanouie
La nuit où nous nous unissons
Dans une lutte faible et folle

Et la nuit qui nous fait injure
La nuit où se creuse le lit
Vide de la solitude
L'avenir d'une agonie.[17]

In der Nacht des faschistischen Schreckens tauchen die Bilder der Zärtlichkeit, »douceur«, Ruhe und freien Erfüllung auf; die Agonie der Gestapo wird zur Agonie der Liebe. Als eine bloße Nebeneinanderstellung wäre dies Romantizismus, billiger Eskapismus. Aber als ein Element der apriorischen künstlerischen Form dieser Dichtung tritt die Sprache der Liebe als ein Werkzeug der Verfremdung hervor; ihr künstlicher, unnatürlicher, »inadäquater« Charakter hat den Schock hervorgerufen, der die wahre Beziehung zwischen den Welten und Sprachen aufdecken kann; daß die eine die positive Negation der anderen ist. Die Geliebte ist »enfant craintif«, »soeur« und Geliebte[18]; ihre ungehemmte Schwäche, Nachlässigkeit und ihr Entgegenkommen rufen das Bild des Opfers so gut wie das des Überwinders der faschistischen Ordnung hervor, der geopferten Utopie, die als die historische Wirklichkeit hervorzutreten hat. Als die Sprache der Verfremdung sind die Worte und Bilder der Liebe und Sinnlichkeit so Teil der politischen Form dieser Gedichte. Verfremdung als ein künstlerisch-politischer Entwurf wird überdies gesteigert, indem die poetische Sprache in das strenge System klassischer Versbildung gezwungen wird.

Die Rückkehr der avantgardistischen Kunst zu den Gesetzen und Regeln klassischer dichterischer Metrik ist vielleicht der überraschendste Aspekt der Résistance-Dichtung. Aragon selbst hat die Rückkehr zu den klassischen Regeln durch die Notwendigkeit erklärt, Sprache vor ihrer völligen Zerstörung zu retten, sie wieder zu einem Werkzeug zu machen für »faire chanter les choses«. Die Dinge müssen zum Singen gebracht werden, da sie nicht länger zum Sprechen gebracht werden können, ohne die Sprache des Feindes zu sprechen. Die künstlerische Opposition kann nicht die Sprache des Feindes sprechen, sondern muß seiner Sprache zusammen mit ihrem Inhalt widersprechen. Das klassische System der Versbildung, in der Form der Verfremdung, hat vielleicht am direktesten den unmittelbaren sinnlichen »ordre de la beauté«, die »promesse du bonheur« bewahrt.

Ferner liefert das klassische System der Versbildung vielleicht die adäquateste Form für die Gestaltung des politischen Inhalts im Medium des künstlerischen Apriori (Liebe). Das Zusammenschweißen der »promesse du bonheur« mit der Agonie und dem Schrecken der faschistischen Welt wird auf strikt technischer Ebene durch die Verwendung des Reims erreicht. Der Reim wird wieder in seine ursprüngliche Funktion als der Zusammenklang[19] von zwei oder mehr Ideen eingesetzt. In seiner neuen Verwendung führt der Reim die Verknüpfung von Traum und Wirklichkeit fast zur unmittelbaren Identifikation:

> Une fille rêvait sur le pont d'un bateau
> Près d'un homme étendu mais moi-même rêvais-je
> Une voix s'éleva qui disait A bientôt
> Une autre murmurait qu'on mourait en Norvège.[20]

Oder:

> Et tes lèvres tenaient tous les soirs le pari
> D'un ciel de cyclamen au-dessus de Paris.[21]

Oder:

> Je me souviens des yeux de ceux qui s'embarguèrent
> Qui pourrait oublier son amour à Dunkerque.[22]

Die nahtlose Verknüpfung der verschiedenen Verse und Ideen wird auch durch den Kunstgriff der »rime enjambée« vollbracht, die einen Teil des Reims über das Ende des einen auf den Anfang des nächsten Verses ausdehnt. Aragons eigenes Beispiel:

> Ne parlez plus d'amour. J'écoute mon coeur battre
> Il couvre les refrains sans fil qui l'ont grisé

Ne parlez plus d'amour. Que fait-elle là-bas
Trop proche et trop lointaine ô temps martyrisé.[23]

Eine äußerst künstliche Technik, die aber »précipite le mouvement d'un vers sur l'autre« und den Reim eher zum Zusammenklang komplexer Ideen, denn von isolierten Wörtern und Klängen macht und die Verfremdung der poetischen Sprache, ihre Entfremdung von der Sprache monopolistischer Kultur verstärkt.

III.

Der Roman *Aurélien* kehrt wie die Poesie zur klassischen Form zurück. Klassisch im doppelten Sinn einer Wiederbelebung der strengen traditionellen Regeln, charakteristisch für die künstlerische Form des Romans während des neunzehnten Jahrhunderts, und einer Wiederbelebung der alten, längst nicht mehr gebrauchten und verstaubten Inhalte und Techniken des »roman«. *Aurélien* folgt den gewohnten Standards des »Gesellschaftsromans«[24]. Er entwirft das Bild einer ganzen Epoche in ihren Auswirkungen auf die repräsentativen Schichten der Gesellschaft und reflektiert das historische Schicksal der Epoche in der persönlichen Geschichte des Helden und der Heldin, von Aurélien und Bérénice. Dieses Muster scheint so getreu angewandt, daß der Eindruck einer absichtlichen Anhäufung von altmodischem Zeug fast unvermeidlich ist. Zum Beispiel die Handlung: Eine junge kleinbürgerliche Frau aus der Provinz kommt nach Paris, wird vom glitzernden, dekadenten, unmoralischen Leben der Hauptstadt gefangengenommen, verliebt sich in einen ausgesprochenen Playboy, fühlt sich von ihm verraten, flieht mit einem avantgardistischen Einwohner Montmartres, kehrt schließlich zu ihrem Ehemann in die Provinz zurück, begegnet nach zwanzig Jahren ihrer wahren Liebe wieder und stirbt in den Armen Auréliens durch die Kugeln der deutschen Eindringlinge. Überdies ist die auf Abwege geratende Heldin die Frau eines langweiligen Apothekers!

Aurélien ist der dritte Band einer Reihe, die Aragon »Le monde réel« nennt. In seiner Geschichte des »monde réel« zwischen 1922 und 1940 findet sich kaum eine Andeutung sozialer und politischer Probleme; die Bühne ist fast ausschließlich mit Mitgliedern der wohlhabenden Bourgeoisie (und einigen verrückten Künstlern) gefüllt, und was sie fast ausschließlich umtreibt, ist der Ärger mit den Frauen. Im Fall von Aurélien und Bérénice wächst sich dieser Ärger zur Liebestragödie aus.

Der Name Bérénice ruft in Aurélien die seltsame Erinnerung an den römischen Orient, die zerfallende kaiserliche Größe und Verschwendung hervor. Bérénice könnte ein Bild von *La vie antérieure* sein:

J'ai longtemps habité sous des vastes portiques
Que les soleils marins teignaient de mille feux,
[...]
Au milieu de l'azur, des vagues, des splendeurs
Et des esclaves nues, tout imprégnés d'odeurs,
Qui me refraîchissaient le front avec des palmes,
Et donc l'unique soin était d'approfondir
Le secret douloureux qui me faisait languir.[25]

Ihre Liebe wird eine »Krankheit zum Tode«[26], die ihr ganzes Leben absorbiert, sie unfähig zu irgendeiner Lösung macht, und ist um so verzweifelter, als Bérénice sich weigert, mit Aurélien zu schlafen (wie es alle anderen um sie herum machen) – ohne ersichtlichen Grund. Dann aber, nach Wochen des Schreckens, während welcher ihn gewisse Umstände von Bérénice trennen, findet er sie, nachdem er betrunken mit einer Prostituierten die Nacht verbracht hatte, bei seiner Heimkehr in seinem Schlafzimmer wartend vor. Sie hatte dort die ganze Nacht, die Neujahrsnacht, auf ihn gewartet. Sie bittet ihn, sie ein Weilchen ruhen zu lassen, und während er sich anschickt, etwas zu Essen zuzubereiten, verschwindet sie. Sie verschwindet nicht nur seinetwegen, sondern auch wegen ihres Ehemanns und ihrer Freunde. Sie schreibt Aurélien, daß sie ihn nie wieder sehen will, und er weiß, es ist die Wahrheit. Sie lebt einige Monate mit einem Jungen, den sie nicht liebt (und mit dem sie schläft), irgendwo verborgen auf dem Land in der Nähe von Paris. Dann verläßt sie ihn und kehrt in die Provinz zurück, zu ihrem Ehemann und seiner Apotheke.

Aber Aurélien sieht sie vor ihrer Rückkehr durch reinen Zufall wieder. Er nimmt Rose Melrose, die berühmte Schauspielerin, zu einem Besuch von Claude Monets Landhaus mit. Während Rose sich mit dem Meister unterhält, schlendert Aurélien im Garten umher und trifft Bérénice (deren Versteck nahe bei Claude Monets Haus ist). Diese Begegnung, der künstlerische Höhepunkt des Romans, ist von einer fast unerträglichen Zärtlichkeit, Traurigkeit und Verzweiflung gekennzeichnet. Es gibt Versuche zu fragen und zu antworten, zu erklären und zu verstehen. Aber es gibt keine Erklärung. Der Schock bleibt unvermindert, er gründet in der Tatsache, daß 1922 (oder 1944) eine Liebe zwei Leben allein deshalb zerbrechen und, sie zerbrechend, zerstören sollte, weil der Liebhaber in einer Nacht, in der er betrunken war, mit einer Prostituierten schlief – eine Tatsache, die die bürgerliche wie auch antibürgerliche Moralität für vollkommen normal erachten.

Der Schock mag ein künstlerisches Mittel sein, um zu offenbaren, was sowohl bürgerliche als auch antibürgerliche Moralität verbergen: das revolutionäre Versprechen der Liebe. Das Schicksal von Aurélien und Bérénice transzendiert in seinem Wesen alle »normalen« Beziehungen, einschließlich all der anderen ernsten und unbekümmerten, flotten und tragischen, sinnlichen und romantischen Liebesaffären, die im Roman beschrieben werden. Alle anderen leben mit und ohne ihre Liebe; sie wird innerhalb der etablierten Ordnung erfüllt (oder, wenn nicht erfüllt, doch innerhalb von ihr ersetzbar). Im Gegensatz dazu bindet sich Auréliens und Bérénice' Beziehung selbst an eine »promesse du bonheur«, die das Glück der anderen so weit transzendiert, wie eine freie Lebensordnung alle Freiheiten innerhalb der etablierten Lebensordnung transzendiert. Und weil sie das tut, muß sie automatisch in dem Moment enden, da sie den Verhältnissen angepaßt wird.

»Treue«, die physische Unmöglichkeit, jemanden durch einen anderen zu ersetzen, ist in einer Ordnung universaler Austauschbarkeit das Zeichen von Transzendenz, von absolutem Widerspruch. Der Akt des Ersetzens löscht den Widerspruch ein für allemal aus und kennzeichnet den Triumph von Normalität und Legalität über eine im wesentlichen unnormale und illegale Beziehung. Die Trennung von Liebe und Sinnlichkeit, das Recht, letztere zu genießen, ohne erstere zu zerstören, gehört zu den geheiligten Freiheiten des bürgerlichen Individuums. Indem Aurélien diese Freiheit in Anspruch nimmt, bekennt er sich zu der Gesellschaft, zu welcher sie gehört. Im Bild von »L'invitation au voyage« ist Sinnlichkeit Liebe. Aurélien setzt Sinnlichkeit an die Stelle der Liebe – oder ihres Mißlingens. Diese Freiheit ist die Notwendigkeit bürgerlicher Gesellschaft: universale Tauschbeziehungen. Die beiden ersten Zeilen von »L'invitation au voyage« werden in Aurélien zitiert. Sie werden der Frau zugeschrieben, die die Freiheiten der Liebe, wie sie von der bürgerlichen Gesellschaft gebilligt werden, am unbeschwertesten praktiziert: Rose Melrose. Und sie kommentiert das Bild, das diese Zeilen beschwören, mit einem Wort: »Merde!«[27]

Es ist die wesentliche Illegalität der Liebe, ihre Transzendenz der etablierten Lebensordnung, die sie zu einem politischen und zugleich künstlerischen Apriori macht. Illegalität ist der gemeinsame Nenner von Résistance-Handlung und Résistance-Kunst. In Aurélien liegt die Illegalität der Liebe in ihrer Unvereinbarkeit mit allen normalen Beziehungen (dem Geschäft, dem »sozialen Leben«, der Eingliederung in das Leben der »Gemeinschaft«), in ihrem disproportionalen Charakter, der allen anderen Inhalt absorbiert, in ihrer Unmöglichkeit, sich den Forderungen von gesundem Menschenverstand und Vernünftigkeit anzupassen.

Der kurze Epilog, der die Geschichte 18 Jahre nach den im Roman geschilderten Ereignissen wieder aufnimmt, beschließt das Schicksal von Aurélien und Bérénice, indem er sie das Schicksal Frankreichs im Jahr 1940 teilen läßt. Weit davon entfernt, ein bloßer, der Geschichte angehängter Epilog zu sein, macht dieses Kapitel eher das Apriori des ganzen Buches explizit: die künstlerische Negation des politischen Inhalts. Es ist das einzige Kapitel, in dem die Politik eine entscheidende Rolle spielt: Aurélien flieht südwärts mit einem Kontingent der geschlagenen und desorganisierten französischen Armee, kommt in die Stadt, wo Bérénice lebt, und quartiert sich selbst in ihrem Haus ein. Beim Abendessen mit dem Apotheker und den Mitgliedern des Haushalts wird die politische Lage diskutiert. Bérénice ist für die Linke aktiv geworden: Sie beschützt einen spanisch-republikanischen Flüchtling. Ist sie mit Aurélien allein, steht die Politik zwischen ihnen. Sie sprechen nicht mehr die gleiche Sprache, oder die Sprache der Politik bringt die Sprache ihrer toten Liebe, die sie noch zu sprechen versuchen, zum Schweigen. Sie ist eine neue, eine unbekannte Bérénice – nicht der Geist der Geliebten. Dann folgt die seltsame Fahrt in die Nacht, aufs dunkle Land, mit der halbbetrunkenen Gesellschaft des Apothekers, in einem alten Automobil. In einer abgeschiedenen Berghütte wird weiter getrunken. Auf dem Heimweg im überfüllten Wagen wird Aurélien auf dem Vordersitz gegen Bérénice gedrückt. Zum ersten Mal hält er sie fest in seinen Armen – aber er fühlt sie nicht: Sie ist eine fremde und kalte Person. Aus der Dunkelheit bestreichen die Deutschen die Straße mit Kugeln. Aurélien wird leicht verwundet, erst nach einer Weile aber bemerkt er, daß er eine tote Bérénice umarmt.

Ihre Liebe, die zuvor zerstört worden ist, stirbt in der Politik. Nicht von außen her: Sie ist tot, als Bérénice die Sprache der Politik spricht, die Aurélien nicht versteht. Offensichtlich kann nichts der »promesse du bonheur« fremder, feindlicher sein als diese Sprache und die Tätigkeit, die sie bedeutet. Die Aufforderung zur politischen Tat ist die Negation von »L'invitation au voyage«. Aber die Negation zeigt zugleich das wahre Verhältnis zwischen den zwei Wirklichkeiten: ihre schließliche Identität. Diese Identität ist in Bérénice und in der toten Bérénice. Politisches Handeln ist der Tod der Liebe, aber das Ziel politischen Handelns ist die Befreiung der Liebe. Dieses Ziel bedeutet die gleiche Welt, die von Beginn ihres Schicksals an gemeint war: die Welt, in der die »promesse du bonheur« ihre Erfüllung findet.

»Bérénice avait le goût de l'absolu.«[28] Das Absolute ist das, was wesentlich ohne Beziehung ist, was seine Verwirklichung in sich selbst, unabhängig von anderen Lebensformen findet. Das Absolute ist Unabhängigkeit, Freiheit. »Le goût de l'absolu« ist deshalb unvereinbar mit Glück, welches notwendig Erfüllung innerhalb der herrschenden, unfreien Lebensform ist. Für Bérénice hatte ihre Liebe die Charakteristika des Absoluten, und deshalb wurde sie zerstört, als sie der herrschenden Lebensform angepaßt wurde. Als sie sich achtzehn Jahre später zum letzten Mal wiederbegegnen, muß Aurélien erneut über ihre Liebe sprechen – es gibt nichts anderes. Aber Bérénice spricht über den Zusammenbruch Frankreichs, den Marschall, die Notwendigkeit, Widerstand zu leisten, den Kampf gegen die Deutschen fortzusetzen. Aurélien unterbricht sie:

›Qu'est-ce que nous sommes là à dire?‹
Et Bérénice: ›Nous disons les seules choses qu'il y ait à dire aujourd'hui ... cette nuit ... non, ne protestez pas, ne dites pas que vous auriez à me parler d'amour ... comme autrefois!‹[29]

Aber der Dichter hatte gefordert:

> Mais si Parlez d'amour encore et qu'amour rime
> Avec jour avec âme ou rien du tout parlez
> Parlez d'amour car tout le reste est crime.[30]

Aurélien versteht nicht, daß sie damals wie jetzt die gleiche Sprache spricht. Im Epilog erscheint das Absolute im verschwindenden Bild des Politischen. Es ist der Reflex des »monde réel« in der zusammenbrechenden Wirklichkeit. Gerade so wie in den Gedichten die Freiheit in der Figur des Geliebten erscheint, erscheint im Roman das Gesicht der sterbenden Bérénice als das Gesicht von Frankreich, »la patrie«. Aber dieses Vaterland ist nicht »La Grande Nation«: Es ist die befreite Erde, auf welcher die »promesse du bonheur« ihre Erfüllung findet. Die historische Übereinstimmung, die den revolutionären Kampf gegen die herrschende Ordnung zu einem Kampf gegen die ausländischen Eindringlinge machte, läßt den Kampf für absolute Befreiung als einen Kampf für nationale Befreiung erscheinen. Diese illusionäre Identifikation wird durch die wahre Identifikation des Vaterlands mit der »promesse du bonheur« korrigiert. Nur selten hat Kunst es gewagt, die Idee des Vaterlands von allem patriotischen Kontext zu lösen und sie zum Symbol der äußersten menschlichen Erfüllung zu machen:

> Es gibt in unserm Vaterland so manchen Pfad, du Liebe,
> Der uns zusammen Hand in Hand noch zu durchwandern
> bliebe.[31]

IV.

Kunst kann wohl versuchen, ihre politische Funktion durch Negierung ihres politischen Inhalts zu bewahren, aber sie kann nicht das versöhnende Element, das in dieser Negation enthalten ist, auslöschen. Obwohl als zerstört und zerstörend dargestellt, ist die »promesse du bonheur« in der künstlerischen Darstellung faszinierend genug, um die herrschende Lebensordnung (die das Versprechen zerstört) eher als die zukünftige (die es erfüllt) zu erleuchten. Das Ergebnis ist ein Erwachen des Gedächtnisses, die Erinnerung an Dinge, die verlorengingen, das Bewußtsein von dem, was war und was hätte sein können. Traurigkeit wie Glück, Schrecken wie Hoffnung werfen ein Licht auf die Wirklichkeit, in der alles dies geschah; der Traum wird gebannt und kehrt zur Vergangenheit zurück, und die Zukunft der Freiheit erscheint nur als etwas Verschwindendes. Die künstlerische Form ist eine Form der Versöhnung:

> Ihr glücklichen Augen
> Was je ihr gesehen,
> Es sei wie es wolle,
> Es war doch so schön![32]

Dieses versöhnende Element scheint der eigentliche Fluch der Kunst zu sein, der Fluch, der sie untrennbar mit der herrschenden Lebensform verbindet; es scheint das Kennzeichen der Kunst in einer unfreien Welt zu sein. Indem das Kunstwerk dem Inhalt eine künstlerische Form gibt, isoliert es diesen Inhalt von der negativen Totalität, die die historische Welt ist, unterbricht den schrecklichen Strom, erzeugt künstlichen Raum und künstliche Zeit. Im Medium der künstlerischen Form werden Dinge zu ihrem eigenen Leben befreit – ohne in Wirklichkeit befreit zu werden. Kunst erzeugt ihre eigene Verdinglichung. Die künstlerische Form, wie destruktiv sie auch immer sein mag, verweilt bei den Dingen und bringt sie zum Stillstand. In der künstlerischen Form wird aller Inhalt zum Objekt ästhetischer Betrachtung, zur Quelle ästhetischen Genusses. Das ästhetische Element transformiert den Inhalt so gut wie die Form, wobei letztere den gegebenen Stoff formt; sogar wenn dieser Stoff absolut negiert wird, hat der am Triumph der Form teil. Die künstlerische Darstellung des totalen Schreckens bleibt noch ein Kunstwerk; sie transformiert den Schrecken in eine andere Welt – eine Transformation, die fast eine Transfiguration ist. Wenn das *Guernica*-Bild trotz solcher Transfiguration den faschistischen Schrecken unvermindert bewahrt, wie viel ist davon der Tatsache geschuldet, daß das Bild explizit als *Guernica* betitelt wird, damit das Wissen und die Assoziationen auslösend, die dieses historische Ereignis in sich birgt? Mit anderen Worten, wie viel ist davon einem außerkünstlerischen Mittel geschuldet, außerhalb des Reichs von Kunst und Ästhetik? Das Bild selbst scheint den politischen Inhalt eher zu negieren: Dort ist ein Stier, ein geschlachtetes Pferd, ein totes Kind, eine schreiende Mutter – aber die Interpretation dieser Objekte als Symbole des Faschismus findet sich nicht im Bild. Dunkelheit, Schrecken und völlige Zerstörung werden vermöge der künstlerischen Schöpfung und in der künstlerischen Form ins Leben gerufen; sie sind deshalb unvergleichbar mit der faschistischen Wirklichkeit. (Sie erscheinen im Bild als die Individualisierung universaler Mächte, und als solche transzendieren sie die faschistische Wirklichkeit auf eine »überhistorische« Ordnung hin. Sie haben ihre eigene Wirklichkeit: die künstlerische Wirklichkeit. Das ist vielleicht der Grund, warum Picasso sich weigert, sie »Symbole« zu nennen. Sie sind »Zeichen«, aber Zeichen für einen Stier, ein Kind, ein Pferd etc. – nicht für Faschismus.)

Kunst stellt nicht die faschistische Wirklichkeit (noch irgendeine andere Form der Totalität monopolistischer Unterdrückung) dar und kann sie gar nicht darstellen. Aber jede menschliche Tätigkeit, die nicht den Schrecken dieses Zeitalters in sich aufgenommen hat, ist genau aus diesem Grunde inhuman, irrelevant, nebensächlich, unwahr. In der Kunst allerdings kann die Unwahrheit zum Lebenselement der Wahrheit werden. Die Unvereinbarkeit der künstlerischen Form mit der wirklichen Form des Lebens kann als Hebel verwendet werden, um auf die Wirklichkeit das Licht zu werfen, das jene nicht absorbieren kann, das Licht, das eventuell diese Wirklichkeit auflösen kann (obwohl solche Auflösung nicht mehr die Aufgabe der Kunst ist). Die Unwahrheit von Kunst kann zur Vorbedingung für den künstlerischen Widerspruch und die künstlerische Negation werden. Kunst kann die totale Entfremdung des Menschen von seiner Welt fördern. Und diese Entfremdung kann die künstliche Basis liefern für die Erinnerung an Freiheit in der Totalität der Unterdrückung.

Nachweise und Anmerkungen

1 Alfred North Whitehead, *Wissenschaft und moderne Welt* (1925), übers. v. Hans Günter Holl, Frankfurt/M. 1984, 185. Geringfügige Korrektur der Übersetzung, siehe dazu: A. N. Whitehead, *Science and the Modern World*, New York 1948, 158 f. sowie: ders., *Wissenschaft und moderne Welt*, übers. v. François Bondy u. Gertrud Tschiedel, Zürich 1949, 206. (Alle Zitatangaben und Anmerkungen mit Ausnahme der englischen und französischen Zitatverweise hier und in den Fußn. 13 und 14 stammen vom Übersetzer.)
2 Im Original deutsch.
3 Marcuse verwendet hier die auf den Psychologen und Neurologen Pierre Janet zurückgehende Bezeichnung. Gemäß Freuds psychoanalytischer Theorie, auf die sich die Surrealisten bezogen, existiert kein Unterbewußtes, es müßte Unbewußtes heißen. (Vgl. Sigmund Freud, *Das Unbewußte*, in: ders., *Studienausgabe*, Bd. 3, 7. Aufl., Frankfurt/M. 1994, 119-174, hier: 129)
4 »Mein Kind, meine Schwester, denk doch, wie köstlich es wäre« (Charles Baudelaire, »L'invitation au voyage«, Gedicht LIII in: *Les fleurs du mal*, in: ders., *Sämtliche Werke/Briefe*, Bd. 3, München/Wien 1975, 158-161, hier: 158. Dt. Übers. v. Friedhelm Kemp, ebd., 159).
5 »deine geringste Lust zu stillen« (Ebd., S. 160 f.).
6 »Der Poesie ist ein hohes Los [zu]gefallen! Freudig oder klagend, trägt sie immer das göttliche Zeichen der Utopie an sich. Sie widerspricht unaufhörlich dem Faktum, anders wäre sie nicht. Im Kerker wird sie zum Aufstand; am Fenster des Spitals ist sie glühende Hoffnung auf Genesung; in der zerlumpten und verschmutzten Dachkammer schmückt sie sich wie eine Fee des Luxus und der Eleganz; sie ist nicht nur Feststellung, sie ist Wiederherstellung. Überall widersagt sie der Bosheit.
So schreite denn singend der Zukunft entgegen, auserwählter Dichter, deine Gesänge sind das leuchtende Abbild der Hoffnungen und Überzeugungen des Volkes!«
(Charles Baudelaire, Pierre Dupont, in: ders., *Œuvres complètes*, Bd. 2, Paris 1976, 26-3-6-36, hier: 35. Dt. Übers. v. Friedhelm Kemp, in: *Sämtliche Werke/Briefe*, Bd. 2, München/Wien 1983, 169-180, hier: 179 f.).
7 »Ich denke an nichts anderes als an die Liebe. Mein ständiges Zerstreutsein in den Bereichen des Geistes [...] hat seinen Grund in diesem einzigartigen und unaufhörlichen Gefallen an der Liebe.« (Louis Aragon, »Préface«, in: ders., *Le libertinage*, Paris 1924, 7-2-7-28, hier: 9. Dt.: Vorwort zur Ausgabe von 1924, in: ders., *Libertinage*, übers. v. Lydia Babilas, Frankfurt/M. 1991, 199-220, hier: 200 f.).
8 »Oh meine Liebe, oh meine Liebe, du allein existierst für mich in dieser Stunde trauriger Abenddämmerung« (Louis Aragon, »Vingt ans après«, in:

ders., *L'œuvre poétique*, Bd. 9: 1939-1942, Paris 1979, 103-105, hier: 105. Dt. Übers. v. Anja May).

9 »[...] wir trugen die Liebe in uns
Die Jugend der Liebe
Und die Vernunft der Liebe
Die Weisheit der Liebe [Dieser Vers fehlt in Marcuses Typoskript, S.B.]
Und die Unsterblichkeit.«
(Paul Éluard, *Les sept poèmes d'amour en guerre*, in: ders. *Œuvres complètes*, Bd. 1, Paris 1968, 1181-1187, hier 1183. Dt.: Stephan Hermlin, *Gedichte und Nachdichtungen*, Berlin/Weimar 1990, 167-171, hier: 167).

10 »Letztlich aber war es in irgendeinem Syrien, daß sie die klangvollen Worte wirklich verstanden und, tödlich verwundet, wußten, daß Eléonore dein Name war, Freiheit, Freiheit, Geliebte.« (Louis Aragon, »Les Croisés«, in: ders., *L'œuvre poétique*, Bd. 9, a.a.O., 153-155, hier: 155. Dt. Übers. v. Anja May).

11 »Im Namen der vollkommenen tiefen Stirn
Im Namen der Augen in die ich schaue
Und dieses Mundes den ich küsse
Für heute und für immerdar

Müssen den Zorn wir hegen
Und das Wachsen des Eisens pflegen
Um das hohe Abbild zu wahren
Unschuldiger die Häscher gefährden
Überall aber Sieger sein werden.«
(Paul Éluard, *Les sept poèmes d'amour en guerre*, a.a.O., 1186 f. Dt.: Stephan Hermlin, *Gedichte und Nachdichtungen*, a.a.O., 170 f.).

12 »Im Namen des Gelächters auf der Straße
Der Sanftheit die unsere Hände eint
Im Namen der Früchte über den Blüten
Auf einer schönen und guten Erde.«
(Paul Éluard, *Les sept poèmes en guerre*, a.a.O., 1187. Dt.: Stephan Hermlin, *Gedichte und Nachdichtungen*, a.a.O., 171).

13 »vom surrealistischen Standpunkt aus betrachtet, sind die politische (revolutionäre) Handlung und die schöpferische Handlung nichts anderes als die willkürliche Aufteilung desselben fundamentalen Willens, der danach strebt, das Universum wieder in Frage zu stellen.« (Alain Clément, »La proie et l'innocence«, in: *Poésie 45*, Nr. 24 [1945], 36-51, hier: 36. Dt. Übers. v. Anja May).

14 »Das zentrale Interesse ist hier noch ganz deutlich technischer Natur [... Es] wird deutlich, daß es Rimbauds großer Ehrgeiz war, die Welt in eine neue Sprache zu übersetzen.« (André Breton, »Position politique de l'art d'aujourd'hui«, in: ders.: *Position politique due surréalisme*, Paris 1935, 17-61,

hier: 33. Dt. Übers. Marianne Oesterreicher-Mollwo, in: Günter Menken [Hg.], *Als die Surrealisten noch recht hatten. Texte und Dokumente,* Stuttgart 1976, 164-182, hier: 171.)

15 »Ich gehöre dir, ich gehöre dir allein, ich bete sie an, die Spur deiner Schritte, die Vertiefung, wo du gelegen hast. Dein verlorener Hausschuh oder dein Taschentuch. Geh, schlafe, schlafe mein ängstliches Kind, ich wache, das ist versprochen.« (Louis Aragon, »Le temp des mots croisés«, in: ders., *L'Œuvre poétique,* Bd. 9, a.a.O., 108-110, hier: 110. Dr. Übers. v. Anja May.)

16 »Höre: In der Nacht pulsiert mein Blut und ruft dich. Ich suche im Bett dein Gewicht und deine Farbe.« (Ebd. Dt. Übers. v. Anja May.)

17 »Die Quellen fließen sanft und nackt
Die Nacht gebreitet überall
Die Nacht in der wir uns vereinen
In einem schwachen irren Kampf
Und die Nacht die uns verwundet
Leere Lagerstatt die
sich höhlte zum Bett der Verlaßnen
Zukunft der Agonie.«
(Paul Éluard, *Les sept poèmes d'amour en guerre,* a.a.O., 1184. Dt. Stephan Hermlin, *Gedichte und Nachdichtungen,* a.a.O., 168.)

18 Im Original deutsch.

19 Im Original deutsch.

20 »Ein Mädchen träumte auf der Brücke eines Schiffes in der Nähe eines ausgestreckten Mannes. Aber ich selbst, träumte ich? Eine Stimme erhob sich, die sagte: Bis bald.« Eine andere murmelte, man würde in Norwegen sterben.« (Louis Aragon, »Le printemps«, in: ders., *L'œuvre poétique,* Bd. 9, a.a.O., 126-128, hier: 126. Dt. Übers. v. Anja May.)

21 »Und deine Lippen wetteiferten jeden Abend mit dem Alpenveilchenhimmel über Paris.« (Louis Aragon, »La nuit d'exil«, in: ders., *L'œuvre poétique,* Bd. 9, a.a.O., 206-208, hier: 207. Dt. Übers. v. Anja May.)

22 »Ich seh der Eingeschifften Blick noch. Wer
Vergäße in Dünkirchen Liebe mehr ...«
(Louis Aragon, »La nuit de Dunkerque«, in: ders., *L'œuvre poétique,* Bd. 9, a.a.O., 203-205, hier: 205. Dt.: Stephan Hermlin, *Gedichte und Nachdichtungen,* a.a.O., 254 f., hier: 255.)

23 »Sprecht nicht mehr von Liebe. Ich höre mein Herz schlagen. Es übertönt die zusammenhanglosen Refrains, die es berauscht haben. Sprecht nicht mehr von Liebe. Was tut sie dort, zu nah und zu weit entfernt, oh martervolle Zeit.« (Louis Aragon, »La rime en 1940«, in: ders., *L'œuvre poétique,* Bd. 9, a.a.O., 159-168, hier: 165. Dt. Übers. v. Anja May.) In der Ausgabe von Aragons Gedichten lautet der erste Satz der Strophe: »Ne parlez d'amour.« (Louis Aragon, »Petite suite sans fil«, in: ders., *L'œuvre poétique,* Bd. 9, a.a.O., 111-115, hier: 112.)

24 Im Original deutsch.
25 »Lange lebte ich unter weiten Säulenhallen, die die Meer-Sonnen färbten mit tausend Feuern, [...] inmitten der Bläue, der Wogen, der Schimmer und der nackten Sklaven, ganz von Wohlgerüchen durchtränkt, / die mir die Stirne mit Palmwedeln erfrischten, und die nur eine Sorge kannten: das Geheimnis zu ergründen, das schmerzliche, an dem ich siechte.« (Charles Baudelaire, »La vie antérieure«, Gedicht XII von *Les fleurs du mal*, in: ders., *Sämtliche Werke/Briefe*, Bd. 3, a.a.O., 82 f., hier: 82. Dt. Übers. v. Friedhelm Kemp, ebd., 83).
26 Im Original deutsch.
27 Louis Aragon, *Aurélien*, Paris 1972, 497. Dt.: *Aurélien*, übers. v. Lydia Babilas, Frankfurt/M. 1989, 466 f.
28 »Bérénice hatte den Drang nach dem Absoluten.« (Louis Aragon, *Aurélien*, a.a.O., 306. Dt.: a. a.O., 280.)
29 »›Was reden wir da für ein Zeug zusammen?‹
Und Bérénice: ›Wir sagen das einzige, was heute ... heute nacht ... zu sagen ist ... nein, protestieren Sie nicht, sagen Sie ja nicht, Sie müßten mit mir von Liebe sprechen ... wie damals!‹«
(Louis Aragon, *Aurélien*, a.a.O., 689. Dt.: a.a.O., 656.)
30 »Aber ja! Sprecht noch von Liebe und daß Liebe sich reime mit Tag, Seele oder gar nichts, sprecht, sprecht von Liebe, denn alles andere ist Verbrechen.« (Louis Aragon, »Petite suite sans fil«, a.a.O., 113. Dt.: Übers. v. Anja May.)
31 Diese Zeilen konnten nicht nachgewiesen werden.
32 Johann Wolfgang von Goethe, *Faust* 2, 2. Teil, 5. Akt, in: Goethe: *Werke*, Bd. 3, Frankfurt/M. 1977, 319.

Kunst in der eindimensionalen Gesellschaft

Anfang 1964 beabsichtigte Marcuse, die Brandeis Universität Newton, Massachusetts, in Richtung Kalifornien zu verlassen. Marcuse bemühte sich um eine Anstellung an der Universität in San Diego. Der Wechsel dorthin gestaltete sich schwierig. In der Universitätsspitze herrschte Uneinigkeit über den Bewerber, und das Umfeld in San Diego lehnte Marcuse ab. Leo Löwenthal, der bereits in Berkeley lehrte, setzte sich bei den Verantwortlichen in San Diego nachdrücklich für Marcuse ein. In einem ausführlichen Empfehlungsschreiben betont Löwenthal Marcuses intellektuelle Fähigkeiten. Er habe sich während seiner Forschungsaufenthalte in Brandeis selbst von der Qualität der Seminare Marcuses überzeugen können.»Es war ein intellektueller und ästhetischer Genuß, ihn lehren zu sehen. Sein Präsentations- und Diskussionsstil waren ausgezeichnet und von höchster Qualität«. Ausdrücklich verweist Löwenthal auf die viel beachteten Veröffentlichungen und prognostiziert dem gerade in den USA erschienenen Buch *The One-Dimensional Man. Studies in the Ideology of Advanced Industrial Society* eine große Zukunft.»Wie an den bisherigen Rezensionen zu sehen ist, wird dieses Buch sicher die höchste Aufmerksamkeit innerhalb der Intellektuellengemeinde auf sich ziehen.« (Leo Löwenthal an Professor Richard H. Popkin, Chairman, Department of Philosophy, University of San Diego, 31. März 1964. Leo Löwenthal-Archiv, Stadt- und Universitätsbibliothek Frankfurt am Main. Aus dem Amerikanischen von P.-E. Jansen.) Daß Marcuse dann 1965 an der Universität in San Diego den Lehrstuhl für Politologie erhielt, hatte in nicht geringem Maße mit dem spektakulären Erfolg dieses Buches zu tun. Drei Jahre später erschien es in deutscher Sprache.

Nur in wenigen Passagen behandelt Marcuse dort das Wesen der Kunst in der eindimensionalen Gesellschaft. Doch obwohl dieser Aspekt nicht eingehender beleuchtet wird, bleibt er in den weiteren Jahren nicht unbeachtet. Seit der Veröffentlichung des *Eindimensionalen Menschen* mißt Marcuse der Kunst im Rahmen der Gesellschaftskritik einen höheren Stellenwert bei. Resultat war der am 8. März 1967 an der School of Visual Arts in New York gehaltene Vortrag »Art in the One-Dimensional Society«. Er erschien zwei Monate später im *Arts Magazine*. Nachgedruckt wurde die Rede 1972 in dem Band *Radical Perspectives in the Arts,* herausgeben von Lee Baxandall. Der Band versammelt unter anderen Texte von Ernst Fischer,

Stefan Heym, Milan Kundera, Hans Meyer und Jorge Semprun. Die Beiträge beschäftigen sich mit der Fragestellung: Welchen Charakter besitzt Kunst in der kapitalistischen, welchen in der sozialistischen Gesellschaft? Gegen diese pragmatisch ausgerichtete Fragestellung sperrt sich Marcuse. Begibt sich Kunst ihrer transzendenten Möglichkeiten zu Gunsten eines äußeren Zwecks, dann verliert sie ihren subversiven Stachel.

Dem hier erstmals in deutscher Sprache publizierten Beitrag liegt das 18 Seiten umfassende Typoskript der Druckfassung zugrunde (HMA 318.00). Der Text weist einige handschriftliche Korrekturen Marcuses auf, die berücksichtigt sind.

Als eine Art persönlicher Einleitung möchte ich ein paar Worte darüber sagen, wie ich dazu kam, mich mit dem Phänomen Kunst zu beschäftigen. Ich verwende den Terminus »Kunst« hier im ganz allgemeinen Sinn, bezeichne damit also Literatur, Musik und die bildenden Künste. In gleicher Weise bezieht sich »Sprache« (der Kunst, künstlerische Sprachen) nicht nur auf das Wort, sondern auch auf das Bild, die Skulptur, den Ton etc.

Der Impuls erwuchs aus einer gewissen Verzweiflung angesichts der Erkenntnis, daß die Alltagssprache, vor allem die traditionelle Sprache, tot zu sein scheint. Ich habe den Eindruck, daß diese Sprache nicht mehr vermitteln kann, was in der Welt vorgeht, daß sie, verglichen mit den Errungenschaften und der Kraft der poetischen und künstlerischen Sprache archaisch und überholt ist. Das gilt vor allem im Kontext der Opposition der rebellischen und protestierenden Jugend gegen die Gesellschaft. Als ich an den Demonstrationen gegen den Vietnamkrieg teilnahm, als die Lieder von Bob Dylan gesungen wurden, hatte ich das begrifflich schwer zu bestimmende Gefühl, daß dies die einzig revolutionäre Sprache ist, die uns heute noch bleibt.

Dies mag romantisch klingen, und ich mache mir selbst oft genug den Vorwurf, in meiner Wertschätzung der befreienden, radikalen Macht der Kunst zu überschwenglich zu sein. Ich erinnere mich an das altbekannte Diktum von der Nutzlosigkeit der Kunst, wo nicht gar ihren Zusammenhang mit dem Verbrechen: Der Parthenon, so heißt es, war nicht das Blut und die Tränen eines einzigen griechischen Sklaven wert. Ebenso geläufig ist die Gegenbehauptung: Nur durch den Parthenon könne die Sklaverei überhaupt gerechtfertigt werden. Aber welche Behauptung ist richtig? Wenn ich die heutige Zivilisation und Kultur des Westens betrachte, die brutalen Massaker, in die sie verstrickt ist, erscheint mir die erste Behauptung als richtiger. Und dennoch könnte das Überleben der Kunst sich als das einzige schwache Glied erweisen, das heute die Gegenwart mit der Hoffnung auf die Zukunft verbindet.

In vielen Diskussionen, an denen ich teilgenommen habe, wurde die Frage nach dem Überleben der Kunst in unserer Zeit gestellt. Bezweifelt wurde, daß Kunst überhaupt noch möglich, ja daß sie wahr sein könne. Dieser Zweifel erwuchs aus dem totalitären Charakter der »Wohlstandsgesellschaft«, die mühelos alle nonkonformistischen Aktivitäten absorbieren und dadurch die Kunst ihrer Funktion, eine andere Welt als die des Establishments zu kommunizieren und darzustellen, berauben kann. Ich möchte an dieser Stelle erörtern, ob diese Behauptung richtig ist, ob die geschlossene, allgegenwärtige, allmächtige Gesellschaft, in der wir heute leben, tatsächlich die Ursache für den Todeskampf der Kunst in unserer Zeit ist. Das führt zu dem umfassenderen Problem des historischen Elements in der Kunst überhaupt. Wenn wir dieses Element betrachten, müssen wir zu dem Schluß kommen, daß die Krise der Kunst lediglich ein Teil der allgemeinen Krise der politischen und moralischen Opposition in unserer Gesellschaft ist, Teil ihres Unvermögens, ihre Zielvorstellungen zu benennen, mit denen sie einer Gesellschaft, die die Dinge immerhin im Griff hat, entgegentreten will. Diese Gesellschaft hat die Dinge vielleicht besser im Griff als je zuvor, fordert dafür jedoch fortwährend die Opferung von Menschenleben: Tod, Verstümmelung, Versklavung. Aber all das spielt sich weit entfernt von uns ab und läßt die meisten von uns weitgehend unberührt.

Die Begriffe und Worte, die traditionellerweise für die Bezeichnung einer besseren, d. h. freien Gesellschaft (und Kunst hat etwas mit Freiheit zu tun) verwendet werden, scheinen heute keine Bedeutung mehr zu besitzen. Sie können nicht mehr vermitteln, was die Menschen und Dinge heute sein können und sollten. Sie entstammen einer Sprache aus einem vortechnologischen und vortotalitären Zeitalter. Sie bergen nicht die Erfahrungen der dreißiger, vierziger und sechziger Jahre, und ihre Rationalität selbst scheint gegen die neue Sprache aufzubegehren, die vielleicht fähig wäre, den Schrecken der

Gegenwart und das Versprechen der Zukunft mitzuteilen. So sehen wir seit den dreißiger Jahren die verstärkte und methodische Suche nach einer neuen Sprache – einer poetischen Sprache als revolutionärer Sprache, einer künstlerischen als revolutionärer Sprache. Dies beinhaltet den Begriff der Phantasie als einer kognitiven Fähigkeit, die den Bann des Establishments zu brechen und zu transzendieren vermag.

In diesem Sinn erhob der Surrealismus der damaligen Zeit die poetische Sprache zur einzigen Sprache, die nicht der allumfassenden Sprache des Establishments verfällt. Die poetische Sprache ist eine »Metasprache« der totalen Negation – einer totalen Negation, die sogar die revolutionäre Aktion transzendiert. Anders gesagt, die Kunst kann ihre revolutionäre Funktion nur dann erfüllen, wenn sie nicht zum Bestandteil irgendeines – auch des revolutionären – Establishments wird. Das macht, wie ich meine, Benjamin Péret hinreichend deutlich. 1943 schreibt er:

> »Der Dichter kann nur dann als Dichter Anerkennung finden, wenn er der Welt, in der er in völligem Nonkonformismus lebt, Widerstand entgegensetzt. Er wendet sich gegen alles, auch gegen die Revolutionäre, die sich nur auf dem Kampfplatz der Politik bewegen und ihn dadurch willkürlich von der kulturellen Bewegung als ganzer isolieren. So fordern diese Revolutionäre, die Kultur müsse dem Ziel der Revolution untergeordnet werden.«

Im Gegensatz dazu fordern die Surrealisten die Unterordnung der Revolution unter die Wahrheit der poetischen Phantasie. Allerdings ist diese Forderung insofern undialektisch, als sie das Ausmaß, in dem die poetische Sprache mit der allgemeinen Falschheit und Täuschung infiziert und durchsetzt ist, minimiert; die poetische Sprache kann ihre Reinheit nicht erhalten. Und der Surrealismus ist schon längst zur marktfähigen Ware geworden.

Und doch macht die Kunst, allen Infektions- und Absorptionsversuchen der Gesellschaft zum Trotz, weiter. Die Sprache der Phantasie bleibt eine Sprache der Ablehnung und des Protests. Als ich in der Zeitschrift *Ramparts* einen Artikel über den »Kinderkreuzzug« und Bob Dylan las, stieß ich auf ein Gedicht von Arthur O'Shaughnessy. Ich hatte nicht die geringste Ahnung, wer Arthur O'Shaughnessy ist.

Es heißt, er sei ein ziemlich miserabler Dichter, und zu meinem Entsetzen erfuhr ich, daß eben dieses Gedicht in ganzer Länge in dem *Blue Book* der John Birch-Gesellschaft [Organisation des Ku-Klux-Klan, A. d. Ü.] abgedruckt ist. Dennoch, und das zeigt vielleicht, wie wenig ich von Kunst verstehe, liebe ich diese Verse. Ich glaube, sie sagen etwas aus, und zwar etwas Wichtiges. Ich scheue mich nicht, sie Ihnen vorzulesen.

One Man, with a dream, at pleasure
Shall go forth and conquer a crown;
And three with a new song's measure
Can trample an empire down.[1]

Abgesehen von dem poetischen Wert dieser Verse (zumindest reimen sie sich), sind sie einfach falsch. Denn tatsächlich sind die Kinderkreuzzüge seit dem Mittelalter, mit oder ohne Gitarrenbegleitung, immer von den Imperien niedergetrampelt worden und nicht etwa umgekehrt.

Und dennoch bestehen die Gedichte und Songs fort, bestehen die Künste fort, und scheinen sogar eine neue Form und Funktion anzunehmen: Sie wollen bewußt und methodisch zerstörerische, unordentliche, negative Anti-Kunst sein. Und in dieser Welt, in der Sinn und Ordnung, das »Positive«, nur durch Unterdrückung durchgesetzt wird, nehmen die Künste ganz von selbst eine politische Position ein: eine des Protests, der Verweigerung, der Leugnung.

Und dieser objektive politische Gehalt der Kunst kann sich auch durchsetzen, wenn statt Negation und Nonsens klassische und traditionelle Formen wiederbelebt werden. So feiert z.B. die Poesie der französischen Résistance Liebe und Freiheit. Benjamin Péret lehnt diese Poesie indes ab. Heute jedoch scheinen (mehr denn je zuvor) Elemente in die Kunst einzugehen, die ihr normalerweise als fremd gelten, und es sieht so aus, als würde die Kunst, ohne ihre Form selbst aufzugeben, durch ihren eigenen Entwicklungsprozeß zur Dimension des Politischen tendieren. Dabei verliert die ästhetische Dimension den Anschein der Unabhängigkeit, der Neutralität. Vielleicht aber auch hat sich die historische Situation der Kunst so verändert, daß die Reinheit, ja selbst die Möglichkeit der Kunst als Kunst fragwürdig geworden ist. Der Künstler wird dazu getrieben, eine Wahrheit zu formulieren und zu vermitteln, die mit der künstlerischen Form selbst unvereinbar und für sie unerreichbar ist.

Ich sagte bereits, daß Kunst heute auf die Krise der Gesellschaft antwortet. Es geht nicht mehr nur um bestimmte Aspekte und Formen der etablierten Lebensweise, sondern um das System insgesamt und um die Entstehung qualitativ anderer Bedürfnisse und Befriedigungen, die Herausbildung neuer Ziele. Die Errichtung einer qualitativ neuen natürlichen und technischen Umwelt durch einen wesenhaft neuen Typus Mensch scheint notwendig, wenn das Zeitalter der fortgeschrittenen Barbarei und Brutalität nicht endlos fortdauern soll.

Von daher muß die Kunst eine Sprache und Bilder finden, die diese Notwendigkeit als eine der Kunst selbst eigene kommunizieren können. Denn wie sollen neue Beziehungen zwischen Menschen und Dingen entstehen, wenn die Menschen weiterhin die Sprache der Unterdrückung, Ausbeutung und Mystizfizierung sprechen, die Bilder der Unterdrückung, Ausbeutung und Mystifizierung sehen? Das neue System der Bedürfnisse und Ziele gehört zum Bereich der möglichen Erfahrung; wir können es in der Negation des Bestehenden definieren: als System von Lebensformen, in dem die aggressiven, repressiven und ausbeuterischen Instinkte der sinnlichen und besänftigenden Energie der Lebensinstinkte untergeordnet werden.

Welche Rolle kann nun die Kunst bei der Entwicklung und Verwirklichung der Idee eines solchen Universums spielen? Die bestimmte Negation der etablierten Realität wäre ein »ästhetisches« Universum, »ästhetisch« im doppelten Sinne: bezogen auf Sinnlichkeit und bezogen auf Kunst. Es ist die Fähigkeit, den Eindruck der Form zu vergegenwärtigen, der schönen und angenehmen Form als möglicher Existenzweise von Menschen und Dingen. Ich glaube, daß das Bild und die bildliche Verwirklichung eines solchen Universums das Ende der Kunst wäre, daß die Sprache der Kunst sich auf ein solches Universum bezieht, ohne es je zu erreichen, und daß Rechtmäßigkeit und Wahrheit der Kunst gerade in der Irrealität, der Nichtexistenz ihrer Zielvorstellung liegen. Anders gesagt, die Kunst könnte sich nur verwirklichen, indem sie Illusion bleibt und Illusionen hervorbringt. Jedoch ist die Kunst heute, und darin liegt für mich die Bedeutung ihrer augenblicklichen Situation, zum ersten Mal in der Geschichte mit völlig neuen Verwirklichungsmöglichkeiten konfrontiert. Die Kunst wird jetzt in der Welt anders verortet: Sie wird zu einem potentiellen Faktor in der Konstruktion einer neuen Realität. Das hieße, daß die Kunst in der Erfüllung ihres eigenen Zwecks sich selbst transzendiert und aufhebt.

Um das Gesagte zu verdeutlichen, möchte ich zunächst erörtern, inwiefern Kunst eine kognitive Fähigkeit ist, die ihre eigene Wahrheit besitzt, und inwiefern die Sprache der Kunst eine verborgene und unterdrückte Wahrheit an den Tag bringt. Extrem formuliert, spricht die Kunst die Sprache der Entdeckung.

Die Kunst (vor allem, aber nicht ausschließlich die bildende Kunst) entdeckt, daß es Dinge gibt: Dinge, keine bloßen Bruchstücke und Teile von Materie, die nach Belieben gehandhabt und abgenutzt werden können; »Dinge an sich«, die etwas »wollen«, die leiden, die sich dem Bereich der Form öffnen, die mithin in ihrem Kern »ästhetisch« sind. Dergestalt entdeckt und befreit die Kunst den Bereich der sinnlichen Form, die Sinnlichkeit, gegen das Falsche, Formlose und Häßliche der Wahrnehmung, das die Kraft und Wahrheit der Sinnlichkeit, der sinnlichen als erotischen Dimension unterdrücken.

In der Zeit der Revolution schrieb einer der großen russischen »Formalisten«:

»Die Kunst existiert, um den sinnlichen Eindruck des Lebens zu vermitteln, den Gegenstand zu fühlen, zu erfahren, daß ein Stein ein Stein ist. Ziel der Kunst ist die Empfindung des Gegenstands als Vision, nicht als vertrautes Objekt. Die Kunst ›vereinmaligt die Gegenstände‹, verhüllt die vertrauten Formen und macht die Wahrnehmung langwieriger und komplizierter. In der Kunst ist die Wahrnehmung Zweck an sich und muß von längerer Dauer sein. Durch die Kunst läßt sich erfahren, wie der Gegenstand zum Gegenstand wird; was immer schon da ist, hat für die Kunst keine Bedeutung.«

Der künstlerische Prozeß ist die »Befreiung des Gegenstands vom Automatismus der Wahrnehmung«, der das, was Gegenstände sind und sein können, verzerrt und einschränkt. Dementsprechend läßt sich behaupten, daß die Kunst eine neue Unmittelbarkeit entdeckt und hervorbringt, die nur aus der Zerstörung der alten entsteht. Diese neue Unmittelbarkeit bildet sich im Prozeß der Erinnerung: Lang vertraute Bilder, Begriffe, Vorstellungen werden im Kunstwerk sinnlich dargestellt und verifiziert.

Kunst als Erkenntnis und Erinnerung beruht in hohem Maß auf der ästhetischen Kraft des Schweigens: des Schweigens der Statue und des Gemäldes, des Schweigens, das die Tragödie durchzieht, des Schweigens, das die Musik hörbar macht. Schweigen als Mittel der Kommunikation, der Bruch mit dem Vertrauten. Schweigen, das nicht für die Kontemplation auf einen Ort oder eine Zeit beschränkt ist, sondern eine ganze Dimension bildet, die gegenwärtig ist, ohne benutzt zu werden. Lärm ist die Begleiterscheinung organisierter Aggression. Der narzißtische Eros, das Anfangsstadium der erotischen und ästhetischen Energie, sucht vor allem die Ruhe, in der die Sinne das wahrnehmen können, was in der Geschäftigkeit und den Vergnügungen des Alltags untergeht; die Ruhe, in der wir uns und die Dinge unverstellt wahrnehmen können.

Das mag verdeutlichen, inwieweit die ästhetische Dimension potentiell der Wirklichkeit angehört und nicht nur der Kunst in ihrer Entgegensetzung zur Wirklichkeit. Vielleicht ließe sich sagen, daß die Kunst zu ihrer eigenen Verwirklichung tendiert. Kunst ist der Sinnlichkeit verpflichtet: In den künstlerischen Formen finden unterdrückte biologische Bedürfnisse ihre Darstellung – sie werden im Entwurf einer anderen Wirklichkeit »vergegenständlicht«. Das »Ästhetische« ist eine existentielle und soziologische Kategorie und wird als solche nicht von außen an die Kunst herangetragen, sondern gehört ihr wesensmäßig an.

Doch nun erhebt sich die Frage: Warum wurde der biologische und existentielle Gehalt des »Ästhetischen« im illusorischen Reich der Kunst sublimiert, und nicht in der Transformation der Wirklichkeit? Ist die vulgärmarxistische Vermutung, daß die Kunst als Spezialabteilung schöpferischer Aktivität in ihrer Trennung von der materiellen Produktion noch der von Marx so genannten »Vorgeschichte« der Menschheit, d. h. ihrer Geschichte vor dem Übergang in eine wahrhaft freie Gesellschaft, angehört, so ganz von der Hand zu weisen? Und ist aus diesem Grund eine ganze Dimension der Wirklichkeit »imaginär«, »illusorisch« geblieben? Und die Versuchung liegt nahe, eine damit verbundene Frage zu stellen: Ist jetzt vielleicht die Zeit gekommen, die Kunst von ihrer Beschränkung auf bloße Kunst, auf eine Illusion, zu befreien? Ist die Zeit gekommen, das Ästhetische mit dem Politischen zu vereinen und im Denken und Handeln den Boden zu bereiten, um aus der Gesellschaft ein Kunstwerk zu machen? Verweisen nicht die Errungenschaften der technologischen Zivilisation auf die mögliche Transformation von Kunst in Technik und von Technik in Kunst? Und dies im vollen Sinne eines kontrollierten Experiments, in dem Natur und Gesellschaft ihre ästhetische Form, will sagen, die Form eines befriedeten und harmonischen Universums erhalten?

Sicher ist »politische Kunst« ein monströser Begriff, und die Kunst könnte aus sich selbst heraus diese Transformation niemals bewerkstelligen; doch könnte sie die für diese Transformation notwendige Wahrnehmung und Sinnlichkeit befreien. Und wenn die Gesellschaft sich erst einmal gewandelt hat, könnte die Kunst, die Form der Phantasie, den Aufbau einer neuen Gesellschaft anleiten. Und insofern die ästhetischen Werte die nicht-aggressiven Werte par excellence sind, würde Kunst als Technik und Technologie auch zur Ausbildung einer neuen Rationalität in der Konstruktion einer freien Gesellschaft beitragen, d. h. zur Ausbildung neuer Verfahrensweisen und Ziele des technischen Fortschritts selbst.

Hier jedoch möchte ich eine warnende Einschränkung machen. Jeder Versuch, ästhetische Kategorien im Hinblick auf ihre gesellschaftliche Anwendbarkeit, auf die Konstruktion der gesellschaftlichen Umwelt zu erklären, endet unweigerlich im Lug und Trug von Verschönerungskampagnen oder im Schrecken des sozialistischen Realismus. Wir dürfen nicht vergessen, daß die Verwirklichung der Kunst als Prinzip gesellschaftlicher Rekonstruktion den grundlegenden gesellschaftlichen Wandel voraussetzt. Es geht nicht um die Verschönerung dessen, was ist, sondern um die vollkommene Neuorientierung des Lebens in einer neuen Gesellschaft.

Ich sprach in diesem Zusammenhang von der kognitiven Kraft der Kunst, von ihrer Fähigkeit, einer bestimmten Form der Wahrnehmung, der Erkenntnis, des Verstehens, sogar der Wissenschaft zum Ausdruck zu verhelfen, eine spezifische Wahrheit zu vermitteln, die auf die Wirklichkeit übertragbar ist. Anders gesagt, berief ich mich auf das vertraute Klischee der Verwandtschaft zwischen Kunst und Wahrheit. Im Rahmen der Erörterung dieses Klischees möchte ich die folgende Frage beantworten: Warum nehme ich die traditionelle Definition von Kunst als Darstellung des Schönen auf, wenn so viele (auch und gerade bedeutende) Kunstwerke keineswegs als schön bezeichnet werden können? Soll das Schöne den Geist auf die Wahrheit vorbereiten, oder bezeichnet die Verwandtschaft zwischen Schönheit und Wahrheit die Harmonie zwischen Sensibilität und Verstand, Sinnlichkeit und Vernunft? Doch erinnern wir uns daran, daß Sinnlichkeit und Vernunft, die Empfänglichkeit für das Schöne und die Aktivität der Erkenntnis eher Gegensätze zu sein scheinen. Die Erkenntnis der Wahrheit ist zumeist schmerzlich und häßlich, und die Wahrheit ist nur auf höchst entsinnlichte und sublimierte Weise schön – etwa, wenn wir über die Schönheit eines mathematischen Beweises sprechen. Oder ist Schönheit das sinnliche Medium für eine noch nicht erreichte Wahrheit, d. h. für die Harmonie zwischen Mensch und Natur, Geist und Materie, Freiheit und Vergnügen, womit die Vorgeschichte der Menschheit tatsächlich ihr Ende fände? In seiner *Ästhetik* spricht Hegel von einem möglichen Zustand der Welt, in dem organische und unorganische Natur, Dinge und Menschen gleichermaßen teilhaben an einer vernünftigen Organisation des Lebens, und in dem die Aggression in der Harmonie zwischen dem Besonderen und dem Allgemeinen verschwunden ist.[2] Ist das nicht auch die Vision der Gesellschaft als Kunstwerk, die Vision der historischen Verwirklichung der Kunst?

Dieses Bild der Kunst als Technik für die Errichtung einer neuen Gesellschaft erfordert das Zusammenspiel von Wissenschaft, Technik und Phantasie, vermöge dessen ein neues Lebenssystem entsteht: Technik als Kunst, als Konstruktion des Schönen, nicht im Sinne schöner Gegenstände oder Orte, sondern als Form einer Lebenstotalität, die Gesellschaft und Natur umfaßt. Das Schöne als Formelement einer solchen Totalität kann niemals natürlich, unmittelbar sein, es muß von der Vernunft und der Phantasie im strengsten Sinne geschaffen und vermittelt werden. Es ist so Ergebnis einer Technik, die indes das Gegenteil jener Technologie und Technik darstellt, die die heutigen repressiven Gesellschaften beherrschen – einer Technik, die von der destruktiven Kraft, mit der Menschen und Dinge, Geist und Materie als bloß zu bearbeitender Stoff erfahren werden, befreit ist. Statt dessen würde die Kunst – Technik – jene Möglichkeiten der Materie freisetzen, die Leben erhalten und fördern; sie wäre von einem Realitätsprinzip getragen, das in der Gesellschaft die aggressive Energie der Energie der Lebensinstinkte unterordnet. Welche Eigenschaft läßt das Schöne der destruktiven Kraft instinktiver Aggression entgegentreten und erotische Sensibilität entwickeln?

Das Schöne scheint zwischen sublimierten und unsublimierten Triebzielen zu liegen; es entspringt nicht dem unsublimierten Trieb, sondern ist die sinnliche Manifestation von etwas Nichtsinnlichem. Und darauf verweist meines Erachtens die traditionelle Definition des Schönen als Form. Was erreicht die Form tatsächlich? Sie prägt der Materie eine Ordnung auf, um ihr einen Zweck zu geben. Zweck ist hier wörtlich zu verstehen, denn die Form setzt definitive Grenzen, innerhalb derer die Kraft der Materie zur Ruhe kommt. Diese Grenzen sind das Zeichen für Erfüllung. Die so geformte Materie kann organisch oder unorganisch sein, kann die Form eines Gesichts, eines Lebens, eines Steins oder Tisches, aber auch die Form eines Kunstwerks sein. Und eine solche Form ist schön in dem Maß, in dem sie das Zur-Ruhe-Kommen von Gewalt, Unordnung und Macht verkörpert. Form ist Ordnung, ist sogar Unterdrückung, jedoch im Dienst von Sinnlichkeit und Freude.

Wenn die Form in diesem Sinne ein Wesensmerkmal der Kunst ist, und wenn das Schöne ein wesentliches Formelement der Kunst ist, folgt daraus offensichtlich, daß die Kunst ihrer Struktur nach falsch, trügerisch und selbstwidersprüchlich ist. Kunst ist tatsächlich eine Illusion: Sie stellt das Nichtseiende als seiend dar. Auf diese Weise weiß sie zu gefallen: Sie sorgt für Ersatzbefriedigung in einer elenden Welt. Diese Klischeevorstellung enthält mehr als nur ein Körnchen Wahrheit. Es geht hier nicht um die seelische Verfassung des Künstlers; vielmehr ist, wie ich unterstelle, die Struktur der Kunst selbst Nachempfindung, Stellvertretung. Und diese Struktur formte die Beziehung des Kunstwerks zum Betrachter, zum Konsumenten. Gerade die authentischsten Kunstwerke bezeugen diesen objektiven Stellvertretungscharakter der Kunst. Der große Künstler kann den ganzen Schmerz und Schrecken der Wirklichkeit, all ihre Not und Verzweiflung aufnehmen – all dies wird schön, ja sogar befriedigend durch die Gnade der künstlerischen Form. Und nur in dieser Verklärung hält die Kunst den Schmerz, den Schrecken, die Verzweiflung am Leben, als schön und befriedigend für die Ewigkeit. Auf diese Weise bewirkt die Kunst tatsächlich eine Katharsis, eine Reinigung, die den Zorn der Rebellion besänftigt und das Negative zur Affirmation verkehrt. Der Zauberstab des Künstlers bringt den Schrecken wie die Freude zum Stillstand, transformiert den Schmerz in Freude und Unterhaltung, den flüchtigen Augenblick in einen dauerhaften Wert, aufbewahrt in der großen Schatzkammer der Kultur, die zu Kriegszeiten in den Untergrund geht, um nach dem Gemetzel wieder aufzutauchen.

Die Kunst braucht diese Verklärung und Affirmation. Sie kann die magische Katharsis der Form nicht durchbrechen, den Schrecken und die Freude nicht entsublimieren. Das Gemälde, das nichts oder nur irgend etwas darstellt, ist immer noch ein Gemälde, gerahmt auch ohne Rahmen, potentielle Ware für den Markt. Selbst Entsublimierung würde nichts ausrichten. Sie kann den Unterschied zwischen der Metasprache der Kunst und der Alltagssprache verwischen. Sie kann ihren Ehrgeiz daran setzen, die Geschehnisse im Bett und im Bad einzufangen, aber der Schockeffekt ist längst abgenutzt und absorbiert. Auf diese oder jene Weise, in der Anordnung der Verse, im Rhythmus, im Einschmuggeln transzendierender Elemente der Schönheit vergewissert die künstlerische Form sich ihrer selbst und negiert die Negation. Die Kunst scheint dazu verdammt, in einer und für eine Welt des Schreckens Kunst zu bleiben. Noch die wüsteste Antikunst steht vor der unmöglichen Aufgabe, den Schrecken zu formen, in Schönheit umzusetzen, und sie hat diese Aufgabe bewältigt: Schrecken als Schönheit. Für mich ist das Haupt der Medusa das ewige und angemessene Symbol der Kunst: Schrecken als Schönheit; Schrecken, der in der befriedigenden Form des wunderbaren Gegenstands eingefangen ist.

Ist die Situation der Kunst heute wesentlich anders? Ist die Kunst unfähig geworden, das Medusenhaupt zu erschaffen und ihm ins Antlitz zu blicken? Soll heißen: unfähig, sich selbst ins Antlitz zu blicken? Es ist behauptet worden, nach Auschwitz könne man keine Gedichte mehr schreiben; die Ungeheuerlichkeit des heutigen Schreckens widersetzt sich jeglicher Form, selbst der der Formlosigkeit.

Doch frage ich: Hat der Schrecken der Wirklichkeit jemals die Schaffung von Kunstwerken verhindert? Griechische Skulptur und Architektur lebten in friedlicher Koexistenz mit den Schrecken der Sklavengesellschaft. Die großen Epen des Mittelalters fielen mit der Ermordung der Albigenser und den Foltern der Inquisition zusammen, und die friedlichen Landschaften der Impressionisten entstanden, als Zola in seinen Romanen die gesellschaftliche Wirklichkeit schilderte.

Wenn also nicht die Größe des Schreckens für die Sinnlosigkeit der heutigen Kunst verantwortlich ist, dann vielleicht der totalitäre, eindimensionale Charakter unserer Gesellschaft? Auch gilt es Zweifel anzumelden. Die Elemente der künstlerischen Form haben sich so wenig verändert wie die der gegebenen Wirklichkeit. Die Farben des Malers, die Materialien des Bildhauers sind Elemente dieses allgemeinen Universums. Warum scheinen die Künstler heute unfähig, die verklärende und verwandelnde Form zu finden, die die Dinge ergreift und aus ihrer Knechtschaft in einer häßlichen und destruktiven Wirklichkeit befreit?

Erneut müssen wir die Aufmerksamkeit auf das historische Wesen der Kunst lenken. Kunst an sich, nicht nur in ihren unterschiedlichen Stilen und Formen, ist ein historisches Phänomen. Und vielleicht holt jetzt die Geschichte die Kunst ein, oder die Kunst holt die Geschichte ein. Was sich verändert, ist der historische Ort und die historische Funktion der Kunst. Das Wirkliche, die Wirklichkeit, wird in Zukunft der Bereich der Kunst sein und sie selbst eine Technik im wörtlichen, »praktischen« Sinn: das Herstellen und Wiederherstellen von Dingen, nicht das Malen von Bildern, das Experimentieren mit Worten und Klängen, nicht das Schreiben von Gedichten oder das Komponieren von Musik. Ist das womöglich das Vorspiel für den Übergang der künstlerischen Form in ein »Realitätsprinzip« – die Selbsttranszendierung der Kunst auf der Grundlage der wissenschaftlichen und technologischen Errungenschaften sowie der Errungenschaften der Kunst selbst?

Wenn uns Natur und Gesellschaft, Menschen und Dinge zur unbegrenzten Verfügung stehen – warum können wir sie dann nicht zum Subjekt-Objekt in einer befriedeten Welt, einer nicht-aggressiven, ästhetischen Umwelt machen? Das nötige Wissen steht zur Verfügung, ebenso die Instrumente und Materialien für die Konstruktion einer solchen gesellschaftlichen und natürlichen Umwelt, in der die unsublimierten und sublimierten Lebensinstinkte gleichermaßen die Entwicklung der menschlichen Bedürfnisse und Fähigkeiten, den technischen Fortschritt in neue Bahnen lenken könnten. Die Vorbedingungen sind gegeben, aufgrund derer das Schöne erschaffen werden kann: nicht als Ornament, nicht als Firnis des Häßlichen, nicht als Museumsstück, sondern als Ausdruck und Ziel eines neuen Menschentyps – als biologisches Bedürfnis in einem neuen Lebenssystem. Und mit diesem möglichen Wandel von Ort und Funktion der Kunst würde die sich selbst transzendierende Kunst zu einem Faktor in der Rekonstruktion von Natur und Gesellschaft, in der Rekonstruktion der Polis, mithin zu einem politischen Faktor werden. Nicht politische Kunst, nicht Politik als Kunst, sondern Kunst als Architektur einer freien Gesellschaft.

Um sich gegen diese technische Möglichkeit einer freien Gesellschaft zu wappnen, bieten die repressiven Gesellschaften eine Aggressivität in bisher unbekanntem Ausmaß auf. Ihre schier unermeßliche Macht und Produktivität versperren den Weg zur Befreiung und zur Verwirklichung der Kunst.

Die gegenwärtige Situation der Kunst findet meiner Meinung nach in Thomas Manns Forderung, man müsse die Neunte Symphonie zurücknehmen, ihren deutlichsten Ausdruck – nicht nur, weil die Neunte falsch ist (wir können und sollten keinen Hymnus an die Freude singen, auch nicht als Versprechen für die Zukunft), sondern auch, weil sie auf ihre Weise recht hat. Sie ist in unserem Universum die Rechtfertigung jener »Illusion«, die sich nicht länger rechtfertigen läßt.

Indes wäre die Zurücknahme eines Kunstwerks ein anderes Kunstwerk. Vielleicht hat Stockhausen dergleichen erreicht, insofern sich die Zurücknahme der Neunten Symphonie überhaupt bewerkstelligen läßt. Und wenn die Zurücknahme eines großen Kunstwerks der Vergangenheit nur ein anderes Kunstwerk sein kann, dann besteht der Prozeß der Kunst im Wechsel von einer Form zu einer anderen, von einem Stil zu einem anderen, von einer Illusion zu einer anderen.

Doch vielleicht geschieht in diesem Prozeß tatsächlich etwas. Wenn die Entwicklung des Bewußtseins und des Unbewußten dazu führt, daß wir diejenigen Dinge sehen, die wir nicht sehen und nicht sehen dürfen, eine Sprache sprechen und hören, die wir nicht sprechen und hören und nicht sprechen und hören dürfen, und wenn diese Entwicklung jetzt auf die Form der Kunst selbst übergreift – dann könnte die Kunst samt ihrer Affirmation als Bestandteil der befreienden Macht des Negativen wirken und dazu beitragen, das verstümmelte Bewußtsein und das verstümmelte Unbewußte, die das repressive Establishment konsolidieren, freizusetzen. Ich glaube, daß die Kunst heute diese Aufgabe bewußter und methodischer wahrnimmt als je zuvor. Das Übrige ist nicht Sache des Künstlers. Die Verwirklichung, die wirkliche Veränderung, die Menschen und Dinge befreit, bleibt dem politischen Handeln überlassen, an dem der Künstler nicht als Künstler teilhat. Aber dieses von außen kommende Handeln ist vielleicht der Situation der Kunst – und möglicherweise sogar ihren Errungenschaften – verwandt.

Nachweise und Anmerkungen

1 Ein Mann mit einem Traum soll zum Vergnügen / sich aufmachen und eine Krone erobern; / und drei können im Takt eines neuen Liedes / ein Reich niedertrampeln.
2 Gemeint ist vermutlich der letzte Abschnitt der *Ästhetik*, wo es u. a. heißt: »Denn in der Kunst haben wir es mit keinem bloß angenehmen oder nützlichen Spielwerk, sondern mit der Befreiung des Geistes von Gehalt und den Formen der Endlichkeit, mit der Präsenz und Versöhnung des Absoluten im Sinnlichen und Erscheinenden, mit einer Entfaltung der Wahrheit zu tun, die sich nicht als Naturgeschichte erschöpft, sondern in der Weltgeschichte offenbart...« G. W. F. Hegel, *Ästhetik*, Berlin und Weimar 1976, Bd. II, S. 586. [A. d. Ü.]

Musik von anderen Planeten

In seinem Essay »Kunst und Revolution« (1972) schreibt Marcuse in einer Fußnote: »Der Begriff ›Kunst‹, wie ich ihn verwende, umfaßt ebenso die bildenden Künste wie Literatur und Musik.« Doch nur selten finden sich in den bisherigen Publikationen Marcuses ausführlichere Erläuterungen zur Musik oder gar zur klassischen Musik.

In Fragen der Musik sei er Laie, bekennt Marcuse zu Beginn des folgenden Beitrags, den er als Festrede für die Absolventen des New England Conservatory of Music am 09. Juni 1968 in Boston hielt. Marcuse war nicht nur der Festredner, er wurde auch selbst geehrt. Das Konservatorium verlieh ihm die Ehrendoktorwürde. In der Urkunde heißt es:

»Philosoph und Pädagoge, Intellektueller und geistiger Mentor eines großen Teils der heutigen Jugend, dessen brillante Schriften uns bewogen haben, das soziale und kulturelle Erbe unserer Gesellschaft zu überdenken; der uns angespornt hat, zu hinterfragen statt bloß zu übernehmen; der uns beschworen hat, den Problemen zu begegnen statt ihnen auszuweichen; der uns daran gemahnt, daß alle große Kunst auf das Wesentliche zurückgeht und somit radikal ist; und der uns einlädt, die Wirklichkeit mit den Augen unserer eigene Erfahrung statt durch die Brille hergebrachter Sprachregelungen zu betrachten. Für all dies ehren wir Sie mit unserer höchsten Auszeichnung.« (Aus dem Amerikanischen von P.-E. Jansen)

Das hier erstmals veröffentlichte Redemanuskript umfaßt im Original 19 Seiten (HMA 345.00). Es ist mit Schreibmaschine geschrieben. Form und Struktur der Vorlage wurden vom Herausgeber so bearbeitet, daß dem Leser ein zusammenhängender Text präsentiert werden kann. Inhaltlich folgt der Abdruck dem Originaltext und berücksichtigt alle von Marcuse selbst vorgenommenen handschriftlichen Korrekturen, Ergänzungen und Streichungen. Das Manuskript hat keinen Titel; der vorliegende Titel wurde vom Herausgeber gewählt.

Ich bin tief bewegt, daß Sie ausgerechnet mich gebeten haben, zu Ihnen zu sprechen – Sie, die Sie als Musiker auf einem Gebiet arbeiten, das mir beruflich nicht vertraut ist, und zu dem ich mich nur als Laie äußern kann.

Dennoch fühle ich mich hier, im Bereich der Musik, vielleicht heimischer als unter Philosophen, Soziologen oder Politologen, deren Welt und Erfahrung nicht die meine zu sein scheint. Ich fühle mich im Bereich der Kunst insgesamt heimischer, weil meine Arbeit mich zu der Überzeugung gebracht hat, daß die Künste heute mehr als je zuvor bei der Veränderung der Verhältnisse und der Erfahrung der Menschen eine entscheidende Rolle spielen müssen. Sie können entscheidend dazu beitragen, einen Ausweg aus der unmenschlichen, brutalen, heuchlerischen, falschen Welt, in die wir verstrickt sind, zu finden und uns helfen, eine bessere, eine freie, eine menschliche Gesellschaft zu entwerfen und vielleicht sogar zu verwirklichen.

Ich spreche hier zu Ihnen als Philosoph, als politischer Philosoph. Mein Bezug zur Musik ist der des Konsumenten – eines Konsumenten allerdings, der von seinem Freund Adorno in die Welt von Mahler, Schönberg, Berg, Webern und Stockhausen eingeführt wurde – für Sie vielleicht alles längst überholte »Klassiker«. Als Philosoph interpretiere ich Musik im Gefolge von Hegel und Schopenhauer, die meiner Überzeugung nach die Eigenschaften definiert haben, dank derer der Musik eine einzigartige kulturelle Aufgabe zukommt: Sie erweist sich in der Transzendierung der Gegenwart und der Beschwörung der Zukunft als freieste, autonomste aller Künste. Und sie beschwört eine mögliche, eine notwendige Zukunft, für die wir arbeiten müssen.

Für Hegel ist die Musik die romantische Kunst per se, weil sie Ausdruck reiner Subjektivität ist, Ausdruck innersten menschlichen Seins, befreit von allen äußeren Vermittlungen, allen materiellen Gegebenheiten und räumlichen Begrenzungen. So ist die Musik Trägerin einer Wahrheit, die in keiner anderen Form oder Sprache ihren Ausdruck finden kann. Hierin stimmt Hegel mit seinem Gegner Schopenhauer überein, für den Musik der einzig freie und unmittelbare Ausdruck des Willens ist, jener Kraft, die das Universum als Lebenswille, Lebenstrieb trägt. Im Gegensatz zu den bildenden Künsten ist die Musik keine »darstellende« oder »nachahmende« Kunst und insofern auch nicht, wie selbst noch die extravaganteste Dichtung, an die Sprache und ihre Worte gebunden, die so leicht zu mißbrauchen sind.

So ist für Schopenhauer die Musik in einzigartiger Weise frei: befreit von den falschen, repressiven, trügerischen Worten, Bildern und Werten der falschen, repressiven, trügerischen menschlichen Existenz. Die Musik gebietet den Mächten Einhalt, die das wahre Wesen des Universums verbergen, zerreißt den »Schleier der Maja« und konfrontiert den Willen mit der Wirklichkeit, der Wahrheit.

Musik drückt Gefühle wie Schmerz, Sorge, Freude, Begehren nicht als subjektive, persönliche Emotionen aus, sondern »objektiv«, als Gegebenheiten an und für sich, als Wesen, Substanz und Wahrheit unserer Existenz, unseres Universums, des Lebens. Und indem sie den Lebenswillen mit der unverstellten, vom Schleier der Illusion befreiten Wirklichkeit konfrontiert, erzeugt die Kunst, und vor allem die Musik, ein neues Bewußtsein und ein neues Unbewußtes – eine traumatische Erfahrung, einen Schock, der zwischen dem Individuum und der gegebenen, »falschen«, verzerrten Wirklichkeit eine Kluft aufreißt.

Für Schopenhauer ruft die Kunst die Notwendigkeit hervor, ihre »ästhetische« Wahrheit in die Wirklichkeit zu übersetzen, d. h. den in sich widersprüchlichen Existenzkampf aufzuheben. Die Kunst fordert dazu auf, dem Willen Einhalt zu gebieten, den »Schleier der Maja« durch die Verweigerung des principium individuationis zu zerreißen, zur ursprünglichen Einheit zurückzukehren und im Nirwana zur Ruhe zu kommen.

Dergestalt ist Musik, wie Kunst überhaupt, die große Kraft der Negation. Sie allein verfügt über die »Sprache«, die das falsche und trügerische Erscheinungsbild unserer Welt und unseres Kampfes in der Welt durchbricht.

Wir müssen Schopenhauers existentiellen Pessimismus ernstnehmen als Verweigerung unreflektierter Fortschrittsgläubigkeit, der zufolge die Geschichte immer weiter in Richtung Freiheit und Vernunft marschiert, während sie zugleich immer größere Opfer fordert und zu den KZs der Nationalsozialisten und den Schlachtfeldern Vietnams geführt hat.

Und wir müssen begreifen, auf welche Weise Kunst, Musik, die große Macht der Negation ist, einer Negation, die ihrerseits den Boden für die neue Affirmation bereitet, die im wörtlichen Sinne Musik für die Zukunft, Zukunftsmusik ist. Für uns bedeutet das: nicht Tod, nicht Nirwana, sondern Neubeginn!

Ich möchte hier, als Laie, einige erklärende Worte hinzufügen. Indem die Kunst ihre eigene Form, ihre eigene »Sprache« schafft, bewegt sie sich in einer Dimension der Wirklichkeit, die der Alltagswelt antagonistisch gegenübertritt, jedoch so, daß Worte, Klänge, Musik in der Verwandlung, ja Verklärung der je gegebenen Bilder des Alltags deren vergessene oder verzerrte Wahrheit »bewahren«, indem sie ihnen ihre eigene »schöne« Form, Harmonie, Dissonanz, Rhythmik usw. verleihen. Dergestalt sublimiert und befriedet die Musik die Erfahrung und die Situation des Menschen.

Die große kulturelle Errungenschaft traditioneller Musik bestand meines Erachtens darin, Leid in Harmonie zu verwandeln, die Vergänglichkeit der Lust in die Ewigkeit der Freude zu verwandeln, die Dissonanz zu rechtfertigen, zu singen, während die anderen nur sprechen können. Das, letztlich, ist die Affirmation in der Negation, die Versöhnung!

Diese Versöhnung des Unversöhnlichen ist die unglaubliche Errungenschaft jener Epoche, die mit Bach beginnt und in Beethovens Musik, dem Ausdruck reiner Subjektivität, die nach Freiheit drängt, ihren bezeichnendsten Ausdruck findet.

In den Werken der klassischen und romantischen Epoche wird die Spannung zwischen Negation und Affirmation, Rebellion und Versöhnung, Auflösung und Bewahrung der Form bis zum Zerreißpunkt ausgelotet. Mahler, der, wie Adorno sagt, zu einer Zeit Symphonien schrieb, als dies gar nicht mehr möglich war, ist der letzte Komponist dieser Epoche. Seine Werke verkörpern den letzten Triumph der schönen Form, des Gesangs über den Schrei, das letzte »Lied von der Erde«.

Schönberg brach mit der klassisch-romantischen Tradition. Seine Vertonung des Gedichts »Ich fühle luft von anderen planeten«[1] (in fis-moll) läßt den Schrei, die Verweigerung, die Entstehung der neuen Form aus der Auflösung der alten hörbar werden: Wir können zu dem, was geschieht, keine Musik mehr machen, doch wir müssen Musik machen, weil wir Luft von anderen Planeten atmen, frische Luft, die die verschmutzte vertreiben mag – ein Sturm, den weder Bach noch Beethoven mehr aufzuhalten vermögen. »Roll over Bach, Beethoven, Schönberg, Webern« usw.? Waren die Planeten, deren Luft sie spürten, zu weit entfernt? Blieb ihre Negation »abstrakt«, oder war sie, trotz aller Zerstörungskraft, noch der Vergangenheit verpflichtet, unfähig, der neuen Luft, der neuen Musik Form, Klang, Worte zu verleihen? Gibt es noch zu viele »Zitate« der Vergangenheit, mit denen man der Welt von Auschwitz und Vietnam nicht beikommen kann? Hat unsere heutige Welt zu guter Letzt die kulturelle Sublimation, die Versöhnung des Unversöhnlichen verweigert?

Auf jeden Fall scheint die altehrwürdige Unterscheidung zwischen »ernster« Musik und »populärer« Musik zusammengebrochen zu sein. Die reine Form, in der Substanz und Schönheit der Musik ihren Bestand haben, scheint ihre klassischen, romantischen und sogar nachromantischen Charakterzüge aufgelöst zu haben. Was sich jetzt vollzieht, ist, wie ich meine, mehr als nur ein weiterer Wandel des »Stils«, sondern etwas sehr viel Radikaleres: Was sich verändert, ist das Verhältnis der Musik zur Gesellschaft, ein Verhältnis, von dem Wesen und Schicksal der Musik betroffen sind.

Wir begreifen den historischen Charakter der Musik mittels der Tatsache, daß sie von einem Menschen für Menschen komponiert wird und aufgrund dieser Tatsache einen zweifachen historischen Kontext »verkörpert«: zum einen den jeweiligen technischen Entwicklungsstand der Instrumente sowie das Hörvermögen des Publikums, zum anderen den jeweils erreichten Bewußtseinsstand, das Bewußtsein für die Schrecken der *condition humaine*.

Die Gesellschaft (ihre Fähigkeiten, ihre Struktur, ihre Ideologie) geht in die Komposition, das Arrangement der Klangbewegungen, ein und öffnet die Form (die musikalische Substanz) für das, was in der gesellschaftlichen Wirklichkeit vorgeht. In der Form begegnen sich Technologie und Kunst, Alltagserfahrung und musikalische Erfahrung. Auf diese Weise reagiert die innere Entwicklung der Musik (und der Kunst allgemein) auf die Gesellschaft und negiert sie zugleich. Musik wird für und zugleich gegen die Gesellschaft geschaffen.

Vielleicht können diese abstrakten philosophischen Überlegungen in Form einer Hypothese erhellen, welche Bedeutung dem Zusammenbruch der Unterscheidung zwischen ernster Musik und populärer Musik zukommt.

Ist die zeitgenössische populäre Musik, vom klassischen Blues bis zu Jazz und Rock'n Roll, die legitime Erbin der klassischen Musik? Sind wir Zeugen einer Aufhebung [i. O. dt.] der ernsten Musik, deren Gehalt bewahrt bleibt, jedoch nicht mehr in »klassischen« Formen Ausdruck finden kann, weshalb diese Formen zerstört und durch andere ersetzt werden müssen, in denen das Ende der »traditionellen« Kunst sich ebenso ankündigt wie das Ende der Gesellschaft, deren Kunst sie war?

Ich will im folgenden einige allgemeine Merkmale der ernsten Musik beschreiben. Zum einen sublimiert sie in hohem Grad die Erfahrung, den Protest, die Negation in dem Maße, in dem die Form dem Schönen in der Musik verpflichtet bleibt: in Melodik und Rhythmik, in der »Zähmung« der Dissonanz und Verzerrung durch den Vorrang der Harmonie. Zum zweiten ist sie in hohem Maße ihrer Form und ihrer Rezeption nach kontemplativ. Zum dritten ist sie eine »geschlossene Struktur«, Zweck in und an sich, legt ihrer explosiven Kraft Beschränkungen auf, verhindert ihre Übersetzung in die Wirklichkeit, die Übersetzung der klanglichen Bewegung in der Zeit in die Bewegung (des Körpers der Rezipienten) im Raum (Hanslick).[2] Das bleibt der Tanz- und Marschmusik als Randerscheinungen der ernsten Musik vorbehalten. Zum vierten schließlich bleibt die ernste Musik auf den geschlossenen Raum des Konzertsaals, des Salons, des Opernhauses, der Kirche beschränkt, d. h. auf einen für sie exklusiv reservierten Raum, der, von der äußeren Wirklichkeit, der Wirklichkeit des Existenzkampfes, abgeschnitten, ihr gegenüber blind, taub und stumm ist.

Um Mißverständnissen vorzubeugen, sei hier betont, daß die traditionelle Kunst diesen exklusiven Raum notwendigerweise aufrechterhalten muß, um Kunst bleiben zu können. Aber genau um diese Dimension geht es jetzt: Erlaubt die Wirklichkeit noch diese Abschottung und Sublimation?

Hierin findet der Klassencharakter der traditionellen ernsten Musik seinen Ausdruck. Um sie zu genießen, muß man die notwendige Bildung und Zeit für produktive Sublimation besitzen, muß man das Schöne im Schmerz, in der Freude, den Leidenschaften guten Gewissens wahrnehmen können. Die traditionelle Musik war kraft ihrer inneren Form die Musik der Ober- und Mittelschichten.

Wie Sie wissen, vollzieht sich die Auflösung dieser Form in der Entwicklung der ernsten Musik selbst, doch hat es den Anschein, als würde der qualitative Wandel »von unten«, durch die schwarze Musik inspiriert (vielleicht gar vorweggenommen?) – nicht im Sinne folkloristischer Bereicherung und Verjüngung der Tradition, sondern als Eruption und Ausdruck eines Lebens, einer Erfahrung außer- und unterhalb des tradierten Universums selbst noch der atonalen Musik, eines Lebens und einer Erfahrung, die ernste Musik nicht mehr ernst nehmen kann, weil sie ihr keine Bedeutung mehr beimißt. »schwarze« Musik nicht nur, weil sie von Negern gesungen und gespielt wird, sondern weil sie, wie die »schwarze« Literatur oder der schwarze Humor die altehrwürdigen Tabus der Zivilisation untergräbt. Diese schwarze Musik ist zum einen entsublimierte Musik, die die Klangbewegung direkt in Körperbewegung überträgt, zum anderen nicht-kontemplative Musik, die die Kluft zwischen Aufführung und Rezeption überbrückt, indem sie den Körper direkt (fast automatisch) in eine spontane Bewegung versetzt, die »normale« Bewegungsmuster durch subversive Klänge und Rhythmen verzerrt und verdreht. Die Bewegung bleibt auf der Stelle, verweigert sich der Fort-Bewegung, ist freudige Rebellion, Ausgelassenheit ob der abgeschüttelten Hemmungen bei gleichzeitigem Bewußtsein von Unterdrückung und Erniedrigung, unmittelbare Explosion ohne die Zügel traditioneller Formen von Schönheit und Ordnung.

Schlußbemerkung

Was bedeutet dies nun alles heute für Sie? Noch einmal: Ich spreche hier als Außenseiter, als Laie. Sie werden mit etwas konfrontiert, das nicht mehr der edle, schöne, erhebende Gegenstand von einst, nicht mehr der höchste Ausdruck der erhabenen Werte der Kultur, sondern etwas Vulgäreres, Technischeres, Materielleres ist – eine Kunst, die sich selbst als Kunst zu verleugnen scheint und dabei die Wirklichkeit einholt, ohne sich ihr zu unterwerfen; eine Kunst, die eine ganze Generation weltweit dazu bringt, zu singen, zu tanzen und zu marschieren, ohne einer Militärkapelle oder einem Rattenfänger zu folgen. Diese Generation folgt nur sich selbst und der Melodie ihres Körpers und Geistes.

Sie sind einer Musik der Unterdrückten begegnet, die der gesamten weißen Kultur, so wie sie von den Unterdrückten erfahren wird, mit Ablehnung und Verachtung gegenübersteht. Gemessen an den Werten der weißen Kultur ist diese Musik nicht freundlich, nicht schön, keine Kunst, sondern unordentlich und ungezügelt. Zudem sind ihre populären Formen längst ins Establishment eingegangen, werden vom und für den Markt, den großen Sektor, auf dem Manipulation und Sozialtechnologie verkauft werden, als in aller Harmlosigkeit zu genießende Mobilisierung der Triebe produziert. Mit Blick auf diese beiden Komponenten schwarzer Musik, ihren subversiven Charakter und ihre Marktgängigkeit, kann die »höhere Kultur« ganz offenkundig nicht länger in ihrem geschützten Bereich verweilen.

Und Sie, die Exponenten und Praktiker dieser Kultur, werden in Ihrem Schaffen auf die neuen Werte, die in den Bereich der Kultur eindringen, eine Antwort finden müssen; eine Antwort auf die neuen Werte und Ziele, die sich in den Schreien und Seufzern gegen das Bestehende und für ein Leben ohne Furcht, Grausamkeit, Unterdrückung ankündigen. Ein solches Leben ist, wie die jungen Leute wissen, heutzutage eine reale Möglichkeit!

Diese Werte, diese Triebe wollen Stimme, Gesang und Rhythmus werden. Sie rebellieren gegen die harmonisierenden, versöhnenden Formen der Tradition. Sie sind zum Schrei der Jugend überall auf der Erde geworden. Es ist der Schrei von Männern und Frauen, die die Geduld verloren, die gespürt haben, wie verlogen, heuchlerisch und gleichgültig unsere Kultur und Kunst sind. Sie wollen tatsächlich »Musik von anderen Planeten«, sehr wirklichen und sehr nahen Planeten. Auf diese Weise umfaßt die große Rebellion gegen unsere repressive Zivilisation auch den Bereich der Musik und macht Sie zu Gefolgsleuten oder Gegnern. Sie verteidigen oder retten das Alte mit seinen noch unerfüllten und gültigen Versprechen und Formen oder Sie arbeiten daran, den neuen Kräften die neue Form zu geben. So oder so – Sie sind dabei!

Nachweise und Anmerkungen

1 Anfangszeile des Gedichts »Entrückung« von Stefan George aus dem Band *Der Siebente Ring*. [A. d. Ü.]
2 Eduard Hanslick (1825–1904) war einer der bedeutendsten Musikkritiker und -theoretiker des 19. Jahrhunderts. [A. d. Ü.]

Kunst als Form der Wirklichkeit

Im Jahr 1969 fand im Solomon R. Guggenheim Museum in New York eine Vorlesungsreihe zur Zukunft der Kunst und zu ihrem Einfluß auf die Gesellschaft statt. Nach Ansicht der Veranstalter war die Bedeutung der Kunst für die Gesellschaft in eine tiefe Krise geraten. Ihr Charakter sei dermaßen fragwürdig geworden, daß eine kritische Überprüfung ihrer gesellschaftlichen Funktion nicht mehr allein Sache der Künstler sein könnte. Darüber hinaus stellten zahlreiche Künstler ihr Schaffen immer mehr in Frage.

Da die Probleme im künstlerischen und kulturellen Bereich sich so umfassend gestalteten, hatte das Guggenheim Museum neben Künstlern, Kunsthistorikern, Architekten auch Soziologen und Philosophen eingeladen. Die Beiträge erschienen 1970 in dem vom Guggenheim Museum publizierten Sammelband *On the Future of Art*. In der Einleitung wird Marcuses Beitrag als der »radikalste« beschrieben, entwickelt aus der Position eines Dialektikers im Sinne der marxistischen Sozialphilosophie. Diese »zwingende Analyse stellt die Irrtümer dar, die dem Konzept der ›schönen Künste‹ in der modernen Welt zugrunde liegen.« (Edward F. Fry) Ein Nachdruck des Beitrags erschien 1972 in der *New Left Review* (Nr. 74). Dort heißt es: »Anhand der Beschreibung der gegensätzlichen Traditionen von Kant, Nietzsche und Marx erklärt Marcuse die möglichen Bedeutungen der Idee der Kunst als unmittelbare ›Form der Wirklichkeit‹, die auf die andere Seite der bestehenden Arbeitsteilung verweist, jenseits jedes Utilitarismus und Formalismus.« (Zitate aus dem Amerikanischen von P.-E. Jansen.)

Im Marcuse-Archiv befindet sich nur eine Kopie eines 21 Seiten umfassenden Typoskripts in englischer Sprache (HMA 340.01) Es ist etwas umfangreicher und unterscheidet sich an einigen Stellen von den amerikanischen Publikationen. Der erstmals in deutscher Sprache publizierte Text folgt diesem Typoskript.

Die These vom Ende der Kunst ist zu einem vertrauten Slogan geworden: Die Neue Linke hält ihn für eine Binsenweisheit; vergeßt zunächst einmal die Kunst (was man Kunst nennt), vergeßt ebenso die Literatur, die Theorie (= Kontemplation), vergeßt jegliche geistige Aktivität, wie »kreativ« sie auch immer sein mag, die nicht direkt zum Handeln, zur Praxis führt, die nicht sichtbar hilft, die Welt zu verändern, die nicht – und sei es nur für kurze Zeit – dieses Universum geistiger und körperlicher Verschmutzung, in dem man lebt, beseitigt. Das tut die Musik mit Gesang und Tanz: die Musik, die den Körper aktiviert, die Lieder, die nicht mehr gesungen, sondern geschrien und gebrüllt werden. (Um zu ermessen, welche Veränderungen in den letzten 30 Jahren stattgefunden haben, vergleiche man die »klassischen« Melodien und Texte des Spanischen Bürgerkriegs mit den heutigen Protestsongs oder das »klassische« Theater Brechts mit dem Living Theatre unserer Tage.) Ereignet hat sich nicht nur der politische, sondern auch und vor allem der künstlerische Angriff auf die Kunst in all ihren Formen, auf die Kunst als Formprinzip selbst. Und damit wird zugleich die Differenz von Kunst und Wirklichkeit geleugnet und zerstört: Wenn Kunst überhaupt etwas ist, muß sie wirklich, muß sie Bestandteil der Wirklichkeit sein, aber einer Wirklichkeit, die die bewußte Negation der gegebenen Wirklichkeit ist, mit all ihren Institutionen, ihrer gesamten materiellen und geistigen Kultur, ihrer ganzen unmoralischen Moralität, ihrem geforderten und geheimen Verhalten, ihrer Arbeit und ihrem Vergnügen.

Es hat sich eine duale, doppelte Wirklichkeit herausgebildet (oder wieder herausgebildet): auf der einen Seite diejenigen, die »nein« sagen, auf der anderen Seite diejenigen, die »ja« sagen, und was an künstlerischen Bemühungen noch geblieben, noch »wirksam« ist, verweigert das »ja«, als Wirklichkeit und als Kunst. Und die Verweigerung ist Wirklichkeit – sehr wirklich sind die jungen Menschen, die keine Geduld mehr haben, die am eigenen Leib und Geist die Schrecken und unterdrückerischen Bequemlichkeiten der gegebenen Wirklichkeit erfahren haben; wirklich sind die Ghettos und ihre Anführer, wirklich sind die Kräfte der Befreiung weltweit, im Osten wie im Westen, in der Ersten, der Zweiten und der Dritten Welt; wirklich sind Castro und Che Guevara. Aber diese wirkliche Wirklichkeit kann nicht direkt in einer Sprache, in Bildern wiedergegeben werden, weil sie in der verfügbaren Sprache und Bilderwelt, in den verfügbaren Kunstformen, wie neu und radikal sie auch sein mögen, nicht mehr vermittelbar ist. Es geht um die Vision, die Erfahrung einer Realität, die so grundlegend anders als die gegebene Wirklichkeit ist, sich ihr gegenüber in einer Weise antagonistisch verhält, daß die vorhandenen Kommunikationsmöglichkeiten diese Differenz zu verringern, diese Erfahrung zu beeinträchtigen scheinen. Und diese Unvereinbarkeit mit dem Medium der Kommunikation selbst erstreckt sich auch auf die herkömmliche Opposition gegen die gegebene Wirklichkeit, d. h. auf die Opposition in der gehobenen Kultur: Sie erstreckt sich auf die Kunstformen selbst, auf die Kunst als Form. Aus der Perspektive der heutigen Rebellion und Verweigerung erscheint die Kunst selbst als Teil und Kraft der Tradition, die das, was ist, perpetuiert und somit die Verwirklichung dessen, was sein kann und sollte, verhindert. Und das tut die Kunst, insoweit sie Form ist, weil die künstlerische Form (auch wenn sie sich noch so sehr bemüht, Anti-Kunst zu sein) das Bewegte stillstellt, ihm im herrschenden Universum der Erfahrungen und Bestrebungen eine Grenze, einen Rahmen, einen Ort verschafft, einen Wert zuweist, es zu einem Gegenstand unter anderen macht. Das heißt, daß in diesem Universum Kunstwerk wie Anti-Kunstwerk zum Tauschwert, zur Ware werden. Und gerade gegen die Warenform als Form der Wirklichkeit richtet sich die heutige Rebellion.

Natürlich ist die Kommerzialisierung der Kunst nicht neu, sondern so alt wie die bürgerliche Gesellschaft. Der Prozeß beschleunigt sich mit der fast unbegrenzten Reproduzierbarkeit der Kunstwerke und in dem Maße, in dem sie selbst in ihren feinsten und sublimsten Gestalten für Nachahmung und Wiederholung anfällig sind. In seiner glänzenden Analyse dieses Prozesses hat Walter Benjamin gezeigt, daß sich nur ein Element des Kunstwerks der Reproduktion widersetzt, nämlich seine »Aura«, die einmalige historische Situation, in der es entstand, in die es wirkt und die seine Funktion und Bedeutung definiert. Sobald das Werk aus diesem unwiederholbaren historischen Augenblick heraustritt, wird seine »ursprüngliche« Wahrheit verfälscht oder (vorsichtiger gesagt) verändert: Indem es (affirmativ oder negativ) auf die neue historische Situation reagiert, wandelt sich seine Bedeutung. Dank neuer Instrumente und Techniken, neuer Denk- und Wahrnehmungsformen kann das Werk jetzt interpretiert, »übersetzt« und damit reicher, komplexer, bedeutungsvoller werden.

Aber es ist nicht mehr das, was es einmal für den Künstler und sein Publikum war ...

Doch im Zuge all dieser Veränderungen bleibt sich etwas gleich, mit sich identisch: das Kunstwerk selbst, an dem sich diese Modifikationen vollziehen. Noch das am meisten »aktualisierte« Kunstwerk bleibt das besondere, einzigartige Kunstwerk, das aktualisiert wurde. Was aber ist die identische »Substanz« dieser ganzen Modifikationen? Es ist nicht die Handlung, der »plot«. Sophokles' *Ödipus* erzählt eine Geschichte, die auch viele andere literarische Ausdrucksformen kennt. Es ist nicht der »Gegenstand«, das Sujet eines Gemäldes, das in unzähligen Variationen auftreten kann (man denke an das Bildnis eines sitzenden, stehenden oder alten Menschen; an eine Gebirgslandschaft etc.); es ist nicht der Stoff, das Rohmaterial, aus dem das Werk entsteht. Was die einzigartige und dauerhafte Identität eines Werks ausmacht und zugleich das Allgemeine birgt, wodurch ein Werk zu einem Kunstwerk wird, ist die Form. Nur die Form verleiht dem Inhalt jene Einzigartigkeit, die ihn zum Inhalt eines ganz bestimmten Kunstwerks macht. Die Art und Weise, in der die Geschichte erzählt wird, die Struktur und Auswahl von Vers und Prosa, was nicht gesagt, nicht dargestellt und trotzdem gegenwärtig ist – darin finden sich einige Aspekte der Form, die das Werk der Wirklichkeit entziehen, entfremden und es in seine eigene Wirklichkeit, das Reich der Formen, eintreten lassen.

Das Reich der Formen ist eine historische Wirklichkeit, eine unumkehrbare Abfolge von Stilen, Themen, Techniken, Regeln, die mit der jeweiligen Gesellschaft untrennbar verbunden sind und nur als Imitation wiederholt werden können. Doch sind sie in ihrer nahezu unbegrenzten Vielfalt nur Variationen der e i n e n Form, durch die sich das Kunstwerk von allen anderen Produkten menschlicher Tätigkeit unterscheidet. Seit die Kunst aus dem Stadium der Magie herausgetreten ist und aufgehört hat, »praktisch« zu sein, seit sie eine »Technik« unter anderen geworden ist – d. h., seit sie ihren eigenen Platz in der gesellschaftlichen Arbeitsteilung beansprucht, hat sie eine spezifische, allen Künsten gemeinsame Form angenommen, die sich von ihrer neuen gesellschaftlichen Funktion herleitet: Die Kunst mußte nun die furchtbare Alltagsroutine durchbrechen und für Entspannung und Erhebung sorgen, etwas »Höheres« oder »Tieferes«

präsentieren, das vielleicht »wahrer« und besser war. Sie mußte Bedürfnisse erfüllen, die in der täglichen Arbeit und im täglichen Vergnügen nicht zu befriedigen waren; sie mußte wohlgefällig sein. (Ich spreche von der gesellschaftlichen, der »objektiven« historischen Funktion der Kunst, nicht von dem, was sie für den Künstler bedeutet, dessen Absichten und Ziele von ganz anderer Art sind.) Anders und krasser gesagt: Die Kunst ist (das wird zumindest unterstellt) kein Gebrauchswert für den Alltagskonsum; ihr Nutzen ist transzendenter Natur, Nutzen für Seele oder Geist, der das gängige Verhalten der Menschen nicht tangiert, nicht verändert – abgesehen von der kurzen Phase der Erhebung, der kulturellen Feierstunde in der Kirche, im Museum, dem Konzertsaal, dem Theater, vor den Ruinen und Monumenten einer großen Vergangenheit. Anschließend geht das wirkliche Leben weiter: *business as usual.*

Damit wird die Kunst zur Macht in der Gesellschaft, aber nicht zu einer gesellschaftlichen Macht. Sie wird in der gegebenen Wirklichkeit und für diese produziert, versorgt sie mit dem Schönen und Erhabenen, mit Erhebung und Vergnügen, doch zugleich spaltet sie sich von dieser Wirklichkeit ab und stellt ihr eine andere entgegen: Das Schöne, das Erhabene, das Wahre, das die Kunst präsentiert, geht über die in der jeweiligen Gesellschaft gängigen Maßstäbe hinaus. Wie sehr die Kunst auch durch vorherrschende Werte, Geschmacks- und Verhaltensnormen, Formen und Grenzen der Erfahrung bestimmt und geprägt sein mag, so ist sie doch niemals nur die Verschönerung und Sublimierung, die Bestätigung dessen, was ist. Noch das realistischste Werk schafft seine eigene Wirklichkeit: Seine Personen und Gegenstände, seine Landschaften, seine Musik bringen zum Vorschein, was im Alltag ungesagt, ungesehen, ungehört bleibt.

Als Teil der etablierten Kultur ist die Kunst affirmativ, als Entfremdung von der gegebenen Wirklichkeit ist sie eine negierende Kraft. Affirmation und Negation: Die doppelte Funktion der Kunst spiegelt sich in ihrer Form und in ihrem Schicksal wider.

In ihrem Schicksal: Als in der und für die etablierte Gesellschaft entstandenes Produkt teilt das Werk das Schicksal aller Produkte – es bekommt einen Tauschwert und wandert auf den Markt. Wie radikal negativ und transzendierend es auch immer sein mag: Das Kunstwerk ist ein Prestigeobjekt, gehört zum Lebensstil der herrschenden Gesellschaft und ihrer Besitzer. In Extremfällen ist der künstlerische Wert sogar nur ein »Nebenprodukt« seines Tauschwerts: Künstlerische Größe wird in ihrem Auf und Ab durch den Markt bestimmt, wobei der Tausch, wie in der Wirtschaft üblich, durchaus fair und gerecht sein kann. Aber diese konformistische, affirmative Rezeption der Kunst beeinträchtigt ihre entfremdende, nonkonformistische, negierende Kraft. Die Kunst ist ihrer Struktur und Funktion nach antagonistisch.

Auf authentische Weise wird diese antagonistische Funktion in der Form aufgelöst und aufgehoben. Die Materialien der Kunst (Worte, Klänge, Linien und Farben, aber auch Gedanken, Gefühle, Bilder) werden im Werk so angeordnet und in Beziehung gesetzt, daß sie ein strukturiertes Ganzes bilden, das nach außen als geschlossen erscheint: zwischen zwei Buchdeckeln, in einem Rahmen, an einem bestimmten Ort. Die Darbietung erfordert eine bestimmte Zeit, die das Alltagsleben unterbricht. Im Rezipienten kann das Werk weiterwirken, bleibt aber auch dann ein in sich geschlossenes Ganzes, ein geistiges oder sinnliches Objekt, das sich von den wirklichen Objekten deutlich unterscheidet. Die Gesetze oder Regeln, die die Anordnung der Elemente im Werk als Einheit bestimmen, scheinen unendlich vielfältig zu sein, doch hat die westliche Tradition ihnen einen allgemeinen Nenner gegeben: Sie werden von der Idee des Schönen geleitet.

Diese zentrale Idee der klassischen Ästhetik bezieht sich auf die Sinnlichkeit und die Vernunft des Menschen, auf das Lustprinzip und das Realitätsprinzip. Das Kunstwerk soll an die Sinne appellieren, sinnliche Bedürfnisse befriedigen – aber auf höchst sublimierte Weise. Die Kunst hat, so heißt es, eine versöhnende, beruhigende und eine kognitive Funktion; sie ist schön und wahr. Das Schöne führt zum Wahren; im Schönen scheint eine Wahrheit auf, die nur in dieser Form auftreten kann.

Die Harmonie von Schönheit und Wahrheit, die das Wesen des Kunstwerks ausmachen sollte, erwies sich jedoch als immer schwieriger zu bewerkstelligende Vereinigung von Gegensätzen, weil das Wahre mit dem Schönen immer weniger vereinbar war. Das menschliche Leben wehrte sich in zunehmendem Maße gegen die Sublimation der Wirklichkeit durch die Kunstform.

In diesem Prozeß offenbart sich die unwiderrufliche Historizität der Kunst: Der Fortschritt von Wissenschaft und Technik schärfte das

Bewußtsein für das Versagen der Gesellschaft, der es nicht gelang, ihre Fähigkeit, eine freie, befriedete, menschliche Welt zu schaffen, in die Tat umzusetzen oder, mit der klassischen Ästhetik zu sprechen, das Schöne hier und jetzt wahr zu machen, in dieser Wirklichkeit, die in der Kunst nur als sublimierte und idealisierte Form, als Unwirklichkeit, aufscheint. Anders gesagt: Die Verpflichtung der Kunst auf das Ideal, ihre Feiertagsfunktion, ihre Sublimation, die das Bestehende versöhnt und bestätigt, erscheint nun als unerträglich falsch, als illusorisch. Die kognitive Funktion der Kunst kann den harmonisierenden »Gesetzen der Schönheit« nicht mehr folgen: Die Wahrheit der Kunst kann nicht mehr im Schönen ihren Ausdruck finden – der Widerspruch erschüttert die herkömmliche Kunstform.

Der künstlerische Protest gegen die Kunstform selbst beginnt auf dem Höhepunkt der klassischen Ästhetik: mit den Romantikern. Wenig später ergeht Georg Büchners harsches Urteil, alle idealistische Kunst sei von »schmählichster Verachtung der menschlichen Natur« geprägt.[1] Der Protest setzt sich fort in den immer erneuten Versuchen, die vertrauten, herrschenden Formen der Wahrnehmung ebenso zu zerstören wie die vertraute Erscheinung des Gegenstands, des »Modells«, weil es für eine Gegenständlichkeit steht, die in sich selbst falsch, verstümmelt ist und die Unterordnung des Menschen unter die gegebene Wirklichkeit verkörpert. Die Entwicklung der Kunst zur Nichtgegenständlichkeit war ein Weg zur Befreiung des Subjekts, sie schuf eine neue Gegenstandswelt, statt die existierende zu akzeptieren und zu sublimieren, sie befreite und befähigte den Geist und den Körper zu einer völlig neuen Erfahrung, einer neuen Sensibilität und Sensitivität, die die verstümmelte Erfahrung und das eingeschränkte Empfindungsvermögen, die den Menschen der gegebenen Wirklichkeit unterwerfen, nicht länger dulden kann.

Dann kam der Schritt zur »Verlebendigung« der Kunst (ein Widerspruch in sich?), Kunst in Bewegung, als Bewegung. Mit ihrer internen Entwicklung, ihrem Kampf gegen ihre eigenen Illusionen, schließt sich die Kunst dem Kampf gegen die bestehenden Mächte geistiger und körperlicher Provenienz, gegen Herrschaft und Unterdrückung an – anders gesagt: Die Kunst wird dank ihrer eigenen inneren Dynamik zu einer politischen Kraft. Sie will nicht mehr für das Museum oder Mausoleum, für die Ausstellungen einer nicht mehr existierenden Aristokratie, für die Feierstunden der Seele und die

Erhebung der Massen dasein – sie will wirklich sein. Hebt sie sich damit nicht selbst auf?

Ich sagte, sie (die Kunst) will wirklich sein. Es geht dabei nicht um die Intentionen des Künstlers, vielmehr ist es die Kunstform selbst, die den neuen Gehalt, den Gegenstand, das zu schaffende Werk vereitelt; es ist die Kunstform selbst, die verhindert, daß die negierende, transzendierende Funktion der Kunst kommuniziert werden kann – einer Kunst, die von jenen Harmonisierungen und Illusionen befreit ist, durch die Kunst bislang nicht nur eine Schöpfung in der Gesellschaft, sondern auch eine gesellschaftliche Schöpfung war. Denn die Kunst kann nicht Wirklichkeit werden, nicht sich verwirklichen, ohne sich als Kunst in allen ihren Formen, auch den destruktiven und antikünstlerischen, aufzuheben. Die Trennung zwischen Kunst und Wirklichkeit, die den illusionären Charakter der Kunst ausmacht, kann nur in dem Maße beseitigt werden, indem die Wirklichkeit selbst zur Kunst als einer der Wirklichkeit eigenen Form tendiert, d. h., im Verlauf eines historisch-gesellschaftlichen Prozesses, an dem der Künstler selbst – als Künstler, nicht als politischer Aktivist – teilhat. Denn die Tradition der Kunst kann nicht einfach unbeachtet zurückgelassen werden; was sie in authentischen Formen erreicht, gezeigt und enthüllt hat, birgt eine Wahrheit, die sich der unmittelbaren, ja vielleicht jeglicher Verwirklichung entzieht.

Die heutige Anti-Kunst ist, wie immer »anti« sie sich geben mag, dazu verdammt, Kunst zu bleiben. Da sie die Kluft zwischen Kunst und Wirklichkeit nicht überbrücken, den Fesseln der Kunstform nicht entrinnen kann, resultiert der Aufstand gegen die »Form« nur im Verlust künstlerischer Qualität, in der illusionären Verkürzung der Distanz zwischen Kunst und Wirklichkeit, in der illusionären Überwindung der Entfremdung. Die authentischen Werke, die wahren Avantgarden unserer Zeit sind weit davon entfernt, diese Distanz zu verschleiern oder die Entfremdung herunterzuspielen, vielmehr verschärfen sie ihre Unvereinbarkeit mit der gegebenen Wirklichkeit in einem Maße, das jede praktische Anwendbarkeit unmöglich macht. Auf diese Weise erfüllen sie die kognitive Funktion der Kunst (die ihre ihr innewohnende radikale, »politische« Funktion ist): das Unbenennbare beim Namen zu nennen, den Menschen mit den Träumen, die er verraten und mit den Verbrechen, die er vergessen hat, zu konfrontieren. Je größer der schreckliche Konflikt zwischen dem, was ist und dem, was sein kann, desto stärker wird sich das Kunstwerk der Erfahrung dessen, was ist, entfremden, und die wahre Wirklichkeit wird im entfremdeten Kunstwerk aufscheinen (wie etwa in Alban Bergs *Wozzeck*, in Samuel Becketts Romanen, in Picassos besten Gemälden), und nur dort.

Im Gegensatz dazu wollen Bewegungen wie das »Living Theatre« die Entfremdung beseitigen. Indem sie den Unterschied zwischen Schauspielern und Publikum aufheben, stellen sie eine Vertrautheit mit den Schauspielern und deren Botschaft her, in der Rebellion und Negation ins Alltagsleben einbezogen werden – als angenehme und verstehbare Elemente des Alltagslebens. Die Teilnahme des Publikums am Schauspiel ist flüchtig, und das Ergebnis vorangegangener Planung, der Wandel im Bewußtsein und Verhalten, gehört mit zum Spiel – die Illusion wird nicht zerstört, sondern verstärkt.

Marx sagte einst, man müsse den versteinerten (gesellschaftlichen) Verhältnissen ihre eigene Melodie vorspielen, um sie zum Tanzen zu bringen. Der Tanz erweckt die tote Welt zum Leben; wenn man die Menschen und Dinge zum Tanzen bringt, befreit man sie, befreit man die ihnen innewohnende Freude; sie tanzen zu ihrer eigenen Melodie. Aber heute muß diese Melodie dem Aufschrei weichen, der den gemarterten Männern, Frauen und Kindern in Vietnam, in Griechenland, in Biafra – in den Gefängnissen und Schlachthöfen der Freien Welt – antwortet.

Letzten Endes liegt die Antwort in den Taten derjenigen, die die Welt verändern, und ich meine, daß diese Veränderung und ihr Ziel die befreiende Kraft der Kunst auf neue Weise anregen, auf neue Weise die Verwirklichung der Kunst bedeuten wird. Denn die Welt, die unser versteinertes und unmenschliches Universum ersetzen soll, (so sie eine qualitativ andere Welt sein wird), bedarf eines neuen Menschentyps, der eine neue Vision der unterdrückten ästhetischen Möglichkeiten hat, die Menschen und Dingen eignen – wobei »ästhetisch« hier nicht auf eine bestimmte Eigenschaft bestimmter Gegenstände (der Kunst) zielt, sondern auf die Form der Wirklichkeit, auf ein sinnliches und vernünftiges Universum. Die idealistische Botschaft der Kunst, die besagte, das wahre Universum sei das schöne Universum, muß die »illusorische« Ebene der Kunst verlassen: Die Wirklichkeit selbst birgt das Bedürfnis nach der Entstehung eines solchen Universums.

Kunst als Form der Wirklichkeit: Mit diesem Begriff verbinden sich grauenhafte Assoziationen. Man denkt unwillkürlich an gigantische Verschönerungsprogramme, künstlerisch eingerichtete Konzernbüros, ästhetische Fabriken, Industrieparks. Solche Assoziationen machen die Vision gänzlich zunichte. Die Vision aber läuft auf etwas völlig anderes hinaus: nicht auf die Verschönerung des Gegebenen, sondern auf die Schaffung einer ganz und gar anderen, entgegengesetzten Wirklichkeit. Die Vision ist Revolution; sie stammt von Marx:

>»Das Tier formiert nur nach dem Maß und dem Bedürfnis der species, der es angehört, während der Mensch nach dem Maß jeder species zu produzieren weiß und überall das inhärente Maß dem Gegenstand anzulegen weiß; der Mensch formiert daher auch nach den Gesetzen der Schönheit.«[2]

Eine wahrhaft menschliche Gesellschaft ist eine Gesellschaft, in der das Schöne zum Bedürfnis, zu einer Produktivkraft, einer gesellschaftlichen Bedingung geworden ist, die die Entwicklung der Bedürfnisse leitet und in ihre Befriedigung eingeht. Denn das Schöne weist Aggression und Zerstörung zurück, ist eine nicht-repressive Ordnung, das Zeichen der Erfüllung in Freiheit.

Die Entstehung einer solchen Gesellschaft setzt eine neue Sensibilität voraus, die Befreiung des Menschen als eines Sinnenwesens, das frei ist von den aggressiven, konkurrenzorientierten, unterdrückerischen Bedürfnissen, die eine repressive und aggressive Existenzweise fortdauern lassen. Und diese neue Sensibilität könnte es den Menschen ermöglichen, ihre Umwelt nicht länger gemäß den Erfordernissen profitabler Warenproduktion zu gestalten, sondern am Schutz und Genuß des Lebens zu orientieren. Ein solches Universum hätte seine eigene Ordnung, die, weil die Sinne allein nur mehr rezeptiv sind, durch die kreativen rationalen Fähigkeiten einerseits und die neue Sensibilität andererseits gestaltet würde.

Wenn die Rebellion heute gegen den affirmativen Charakter der Kultur protestiert, protestiert sie gegen eine Sublimation, deren Maß und Ziel dem tatsächlichen Zustand der Menschheit Hohn spricht. Der Charakter dieser Sublimation – ein Wesenszug der Kunst und von ihrer Geschichte als Bestandteil der affirmativen Kultur nicht zu trennen – hat seine vielleicht tiefgreifendste Erklärung in Kants Auffassung des Ästhetischem als »interesselosem Wohlgefallen« gefunden, das von jeglichen besonderen Interessen, Begehren, Neigungen abgekoppelt ist. Der ästhetische Gegenstand existiert gleichsam ohne ein besonderes Subjekt, ohne andere Beziehung auf ein Subjekt außerhalb der reinen Kontemplation – reines Auge, reines Ohr, reiner Geist. Eine derartige Trennung erfordert den Bruch mit der Wirklichkeit, mit der gewöhnlichen Erfahrung und ihren Gegenständen, eine Transformation der Werte. Nur in diesem Bruch, in dieser Ablösung von der Wirklichkeit entsteht das ästhetische Universum und der ästhetische Gegenstand, wird das Bedürfnis nach Schönheit und Erhabenheit befriedigt.

Anders und direkter gesagt: Voraussetzung für die Kunst ist die Abwendung von der Wirklichkeit, das Vergessen dessen, was geschieht, Unterdrückung. Das bezieht sich nicht auf den Künstler (für den die Erinnerung als Triebkraft seiner Kreativität oftmals sehr viel wichtiger ist als das Vergessen), sondern ist ontologischer Art: Es ist das Werk selbst, das in einer Sphäre der Unterdrückung existiert. Mittels seiner Form befriedet es den Schrecken, die Häßlichkeit, die Grausamkeit des Wirklichen auch dort, wo es diese Phänomene darstellt und verurteilt. In diesem Sinne ist Kunst ein »Happy-End«, ein glücklicher Zweck in sich; Verzweiflung wird erhaben, Schmerz schön. Das beste Beispiel für die künstlerische Darstellung dieser ästhetischen Verklärung ist immer noch die Kreuzigung. Für Nietzsche war das Kreuz das »Erkennungszeichen für die unterirdischste Verschwörung, die es je gegeben hat, – gegen Gesundheit, Schönheit, Wohlgeratenheit, Tapferkeit, Geist, Güte der Seele, gegen das Leben selbst...« (*Der Antichrist*, Aph. 62). Das Kreuz als ästhetischer Gegenstand veranschaulicht das verklärende Wesen der Kunst. Ihre Schönheit und ihr Geist sind eine Verschwörung gegen die (mögliche) Schönheit und den Geist des Lebens.

Und dies ist der Ausgangspunkt der heutigen Rebellion gegen die affirmative Kultur – sie entspringt dem unerträglichen Gegensatz zwischen dem Möglichen und dem Wirklichen, zwischen der möglichen Freiheit, Schönheit und Schöpferkraft des Lebens und den gigantischen und gewaltsamen Versuchen, die Verwirklichung dieser Möglichkeiten zu verhindern. Derzeit schließt sich die Kunst den Kräften der Rebellion nur als entsublimierte an, ist lebendige Form, die dem Unnennbaren, der Lüge und ihrer Entlarvung, dem

Schrecken und der Befreiung davon, dem Körper und seiner Sinnlichkeit als Quelle und Sitz alles »Ästhetischen«, der Seele und ihrer Kultur als der ersten »Apperzeption« des Geistes Worte und Bilder verleiht.
»Si l'on s'occupe de son corps, on a quelques chances de s'apercevoir qu'on possède aussi un esprit. Je danse, donc je suis!« (Maurice Béjart)[3]

Kunst als Form der Wirklichkeit läßt sich nicht konkretisieren: Sie wäre Kreativität im geistigen wie im materiellen Sinn, Verbindung von Technik und Künsten in der vollständigen Rekonstruktion der Umwelt, Verbindung von Stadt und Land, Industrie und Natur nach deren Befreiung von den Schrecken kommerzieller Nutzung und Verschönerung, zu einem Zeitpunkt, da die Kunst nicht mehr als Stimulans des Geschäftslebens fungiert. Offenkundig hängt die Möglichkeit, eine solche Umwelt zu schaffen, von der grundsätzlichen Umgestaltung der jetzigen Gesellschaft ab: Es geht um eine neue Produktionsweise und neue Produktionsziele, einen neuen Menschentypus als Produzenten, das Ende der Rollenspiele, der herkömmlichen gesellschaftlichen Arbeitsteilung, der Trennung von Arbeit und Freizeit.

Würde eine solche Verwirklichung der Kunst die traditionellen Künste außer Kraft setzen? Würde sie die geistige und sinnliche Fähigkeit, diese Künste zu verstehen und zu genießen, verkümmern lassen? Ich denke, nein. Die Transzendenz der Kunst hebt sie von jeder »alltäglichen« Wirklichkeit ab, die wir uns vorzustellen vermögen. Auch die freie Gesellschaft hat ihre Notwendigkeiten – die Notwendigkeit der Arbeit, des Kampfes gegen Tod und Krankheit, gegen den Mangel. So bleiben die Künste Ausdrucksformen ganz und gar eigener Art, Ausdrucksformen einer Schönheit und Wahrheit, die die Wirklichkeit so nicht kennt. Noch in den »unmöglichsten« Dramenversen und Opernarien der Tradition lebt irgendein nichtrepressives Element, die Treue zu den eigenen Leidenschaften, eine »Freiheit des Ausdrucks«, die sich gegen die etablierten Lebensweisen, Sprach- und Verhaltensformen richtet. Durch diese »Andersartigkeit« bewahrt sich das Schöne in den traditionellen Künsten seine Wahrheit.

Und diese Andersartigkeit würde durch die gesellschaftliche Entwicklung nicht aufgehoben. Im Gegenteil: Aufgehoben würde die falsche, konformistische und bequeme Rezeption (und Produktion!) von Kunst, ihre flüchtige Integration ins Establishment, ihre Verschönerung und Sublimierung repressiver Bedingungen.

Nachweise und Anmerkungen

1 Georg Büchner, »Lenz«, in *Werke und Briefe*, hg. von Fritz Bergemann, Frankfurt/M. 1982, Bd. 1, S. 94.
2 Karl Marx, *Ökonomisch-philosophische Manuskripte* (1844), »Die entfremdete Arbeit«; zit. nach *MEW* EB I, Berlin (DDR) 1968, S. 511.
3 »Wenn man sich mit seinem Körper beschäftigt, hat man einige Gelegenheit zu erkennen, daß man auch einen Geist besitzt. Ich tanze, also bin ich!« (zit. nach *Le Nouvel Observateur*, Nr. 223, Februar 1969)

Zur Kritik an der Politisierung der Kunst
Briefe an die Gruppe der »Chicago Surrealists«

Am 3. Januar 1973 schrieb Franklin Rosemont, Mitglied der *Chicago Surrealists*, an Herbert Marcuse: »Hier nun endlich unsere vorläufigen Antworten auf Dein interessantes Papier – Antworten von David Schanoes, John Simmons und mir. ... Viele (der angesprochenen, A. d. Hg.) Punkte sind von großer Bedeutung – der derzeitige Zustand des Proletariats, der psychische Automatismus, ›daß alle Gedichte schreiben können‹, etc. – Punkte, in denen Du und die Surrealisten unterschiedlichster Meinung sind und die daher ausführlich besprochen werden sollten. All das sei hier nur kurz erwähnt: Nicht weil wir die Probleme nicht diskutieren wollten, sondern weil sie innerhalb der Gruppe schon ausführlich diskutiert wurden.«

Rosemont, der theoretische Kopf der *Chicago Surrealists*, edierte eine Auswahl des Werkes von André Breton, dem Verfasser der beiden *Manifestes du surréalisme* (1924/1930). Die Gruppe um die Zeitschrift *Arsenal. Surrealist Subversion* unterhielt regen Kontakt mit französischen Surrealisten, die in Paris das *Bulletin de Liaison Surréaliste* herausgaben. In französischer Übersetzung und in einer Auflage von hundert Exemplaren erschien dort im April 1973 der erste Brief Marcuses, der vom Oktober 1972 datiert ist. Rosemont hatte den Beitrag nach Paris geschickt: »Es ist sicher wünschenswert, daß Deine Kommentare unseren surrealistischen Freunden in allen Ländern bekannt gemacht werden, und ich hoffe, Du bist mit einer Veröffentlichung in dieser Form einverstanden.« (Rosemont an Marcuse, 16. April 1973. Siehe Faksimile in diesem Band).

Der schriftliche Gedankenaustausch zwischen Marcuse und den Surrealisten aus Chicago beschränkt sich auf die Jahre 1972 und 1973. Vorausgegangen war eine Podiumsdiskussion zu den Möglichkeiten politischer Kunst, organisiert von der amerikanischen Zeitschrift *Telos*. Mit seinem ausführlichen Brief reagierte Marcuse auf die Bitte der Gruppe, sich erneut zu dem Verhältnis von surrealistischer Kunst und revolutionärer Praxis zu äußern. Von Beginn an lagen die Standpunkte weit auseinander. Die Künstler um das *Arsenal* taten sich schwer mit Marcuses Kernthese, die Ziele der Kunst und die Ziele revolutionärer Praxis seien letztlich nicht miteinander vereinbar. Innerhalb der Gruppe entstand eine rege Diskussion über Marcuses Position. Es folgten vier kurze Briefe von Franklin Rosemont, in denen er immer wieder die Differenzen andeutete. Schließlich erreichten Marcuse zwei ausführliche Kritiken von Franklin Rosemont und von John Simmons. Von Marcuse trennte sich die Gruppe im Streit.

Rosemont schreibt: »Genosse Marcuses gesamte unhaltbare These (›der unversöhnliche Widerspruch zwischen Kunst und revolutionärer Politik‹) wiederholt bloß in philosophischen Worten die banalen Vorwürfe, die wir alle schon tausendmal gehört haben. Dieser gewisse ›unversöhnliche Widerspruch‹ ist das Lieblingsthema aller bürgerlichen Kritiker, ganz zu schweigen von den Renegaten des Surrealismus wie Dali oder Waldberg. Genau deshalb, weil Genosse Marcuse seine These bloß philosophisch und auf einer ›allgemeinen Ebene‹ formuliert, gelangt er zwangsläufig zu den banalen Schlüssen: Es sei irreführend, wenn der Surrealismus den Automatismus betone; es sei mit dem dialektischen Materialismus unvereinbar, daß alle Gedichte schreiben könnten, etc...« In dem fünf Seiten umfassenden Papier resümiert Rosemont: »Ich bin überzeugt davon, daß Genosse Marcuses Pessimismus gegenüber der Zukunft des Surrealismus genauso falsch ist wie sein Pessimismus gegenüber den Fähigkeiten der arbeitenden Klasse.« (Ohne Titel, Franklin Rosemont, November 1973. Übersetzung der Zitate aus dem Amerikanischen von P.-E. Jansen.)

Mit dem zweiten, bisher unveröffentlichten Brief, antwortet Marcuse auf die Beiträge von Rosemont und Simmons. Damit bricht der Kontakt ab.

Der erste Brief (462.02) umfaßt 16 Schreibmaschinenseiten und ist mit wenigen handschriftlichen Korrekturen versehen. Vom zweiten Brief existieren zwei Fassungen. Hier abgedruckt wird die von Marcuse überarbeitete zweite Fassung (462.14). In dem sechsseitigen Manuskript sind elf Zeilen gestrichen. Die dritte Seite, geschrieben auf einer anderen Schreibmaschine, wurde von Marcuse neu eingefügt. Die Übersetzung folgt den Änderungen Marcuses.

Erster Brief

These: unversöhnlicher Widerspruch zwischen Kunst und Politik, weil die Kunst alle politischen Zielsetzungen (auch die der Revolution!) überschreitet.

In abstracto: Der Widerspruch zwischen Möglichkeit und Wirklichkeit; in concreto, bezogen auf die Kunst: Der Widerspruch zwischen Sinnlichkeit und Alltagsverstand, zwischen Phantasie und Vernunft, zwischen Poesie und Prosa – ein Widerspruch, dessen beide Seiten real sind: Die Wirklichkeit und Wahrheit der Fiktion (Poesie, Musik usw.) steht gegen die Wirklichkeit und Wahrheit der Existenz dessen, was ist.

Kunst ist die bildliche Darstellung des Möglichen, das im Universum des Existierenden erscheint.

Es handelt sich dabei um historische Begriffe: Der Widerspruch nimmt in unterschiedlichen Gesellschaften und auf unterschiedlichen Entwicklungsstufen unterschiedliche Erscheinungsformen an, variiert je nach Grad, Art und Form der Ausprägung (»Stile«).

Die Lösung des Widerspruchs wäre das Ende der Kunst (nicht jedoch notwendigerweise die Heraufkunft des Reichs der Freiheit!)

Ich werde diese These anhand des Surrealismus diskutieren und solche Formen wie das »Living Theatre« unberücksichtigt lassen, deren unmöglicher Realismus letztlich dazu führt, die Kunst selbst (in abstrakter Negation) aufzulösen. Demgegenüber suchte der Surrealismus die transzendenten, sur-realen Eigenschaften der Kunst, ihre entfremdende Kraft im und für den politischen Kampf zu bewahren und zurückzugewinnen.

Der Surrealismus will zeigen:
– daß in unserer Welt Kräfte operieren, die uns den Gehorsam verweigern;
– daß wir nicht nur der verstandesmäßig erfaßbaren Kausalität der Naturwissenschaften und der Alltagswelt, sondern auch (nach Maßgabe des gängigen Rationalitätsbegriffs) »irrationalen«, surrealen oder subrealen Kräften ausgesetzt sind.

Dabei geht es nicht nur um die Erweiterung unserer Wahrnehmung, Phantasie und Vernunft.

Die Umstrukturierung unserer geistig-seelischen Fähigkeiten ist kein Zweck an sich, sondern soll sie von der Verstümmelung befreien, die sie durch die gegebene Gesellschaft und ihre Erfordernisse erlitten haben.

Der Surrealismus schafft somit ein unendlich reicheres, dichteres Universum, in dem Menschen, Dinge, Natur ihrer trügerisch vertrauten Erscheinungsform entkleidet werden. Es ist ein unheimliches Universum.

Denn: was könnte verstörender sein als die Entdeckung, daß wir unter dem Gesetz einer anderen, unvertrauten, unterdrückten Kausalität leben: meta-physisch, spirituell, aber ganz von dieser Welt, nicht himmlisch oder höllisch; eine andere Ordnung der Dinge, die mit der etablierten Ordnung konfligiert, ohne sie abzuschaffen.

Kausalität durch Freiheit? durch Begehren? Anerkennung natürlicher Kräfte, die wir normalerweise nicht wahrnehmen?

Der Surrealismus beharrt darauf, daß es solche andersgearteten kausalen Kräfte der Natur, in der Natur, gibt. Es ist gleichgültig, ob man sie spirituell, mental oder gar magnetisch oder magisch nennt, solange sie als subjektiv-objektive Wesenheiten und nicht lediglich als Erscheinungsformen individueller psychologischer Bedingungen, Bewußtseinszustände begriffen werden. Daß der Surrealismus sich weigerte, diese Idee der Behandlung durch das wissenschaftliche Establishment anheimzugeben, ist ein bleibendes Verdienst.

Ich möchte versuchen, diesem Begriff noch eine weitere Wendung zu geben: Diese nicht-wissenschaftliche Kausalität ist in erster Linie gegenstrebig: Sie konterkariert das Begehren, bricht einen Zustand der Erfüllung auf, stärkt die destruktive gegenüber der erotischen Energie, trennt eher, als daß sie verbindet.

Eine derartige Hypothese erscheint plausibel angesichts einer geschichtlichen Welt, in der Natur und Gesellschaft, Geist und Körper von Unterdrückung, Gewalt und Tod beherrscht werden. Die surrealen Kräfte haben an dieser Wirklichkeit teil: Sie wirken im selben Universum. Auch sie bedürfen der Befreiung.

In jedem Falle durchdringen diese Kräfte das Universum des Surrealismus: Normale Handlungen und Reaktionen sind »außer Kraft gesetzt«, unterbrochen – Menschen, Dinge und die Natur beggnen einander in einer ihnen eigenen neuen, schweigenden Welt – ihrer gewöhnlichen Funktionen und Verhaltensweisen, ihres Tauschwerts beraubt.

Wenngleich der Surrealismus diese Eigenschaften mit anderen künstlerischen Stilformen und Bewegungen teilt, so ist (oder war) das Besondere an ihm die politische Zielrichtung, der er in einer systematisch verfremdeten, antiästhetischen Form (Prosa, Dichtung, Malerei usw.) Ausdruck verlieh. Und in dieser Form machte sich der Surrealismus »im Dienst der Revolution« ans Werk.

Diese politische Zielvorstellung blieb unverwirklicht – schon bald traf sie auf den unlösbaren Widerspruch zwischen der Kunst und den Massen, zwischen Kunst und Revolution.

Ich möchte diesen Widerspruch vor dem Hintergrund der heutigen Situation erläutern und dabei zum einen die gängigen Klischeevorwürfe (elitäre Haltung, Snobismus, Elfenbeinturm) vermeiden, zum anderen mich auf die (hypothetischen) Bedingungen konzentrieren, unter denen dieser Widerspruch gemildert (nicht jedoch beseitigt) werden kann.

Ganz offensichtlich kann der Widerspruch nur auf gesellschaftlicher Grundlage, im Prozeß radikaler gesellschaftlicher Veränderung abgebaut werden.

Soll die Kunst in den Dienst der Revolution gestellt werden (ohne ihren Kunstcharakter zu verlieren), muß es eine revolutionäre Klasse geben, deren Praxis die transzendierenden Eigenschaften der Kunst (als Ziele) bewahrt: den Kampf um nicht-ausbeuterische Beziehungen zwischen Menschen, eine Moral der und eine Empfindung für Freiheit, die Versöhnung zwischen Mensch und Natur.

Diese Ziele galten einst für die möglichen Errungenschaften einer sozialistischen Gesellschaft, und die Arbeiterklasse, so wurde unterstellt, kämpfte für eine Revolution, in der die neuen (sozialistischen) ökonomischen und politischen Institutionen die Grundlage für einen derartigen qualitativen Wandel von Mensch und Natur bilden würden. Folglich orientierte sich die Politisierung der Kunst an der Arbeiterklasse, den »Massen«.

Es ist jedoch eine Binsenweisheit, daß die heutige Arbeiterklasse in den entwickelten Industrieländern keine revolutionäre Klasse ist. Ebenso ist es eine Binsenweisheit, daß die Arbeiterklasse nicht immer und überall als revolutionäre Klasse existiert.

Die Frage ist: Sind die Bedingungen gegeben, unter denen eine potentiell revolutionäre Klasse (als Klasse-an-sich) zu einer tatsächlich revolutionären Klasse (Klasse-für-sich) werden kann? Dieser Übergang umfaßt nicht nur die Stellung der Arbeiterklasse im Produktionsprozeß (numerische und technische Stärke, Organisationsgrad auf Fabrikebene), sondern auch
1. den Grad des politischen Bewußtseins: die praxisbestimmenden Zielvorstellungen und Werte der Klasse;
2. den Lebensstandard, d. h. den Standard der (materiellen und kulturellen) Konsumtion.

Der Konsumtionsbereich gehört nun zur Infrastruktur der Gesellschaft, zur materiellen Basis. Macht man ihn zu einem »Oberflächen«-Phänomen, verstößt man gegen Grundsätze des dialektischen Materialismus. Die Aufspaltung der »gesellschaftlichen Existenz« des Menschen in zwei Bereiche (Produktion und Konsumtion) ist gänzlich unmarxistisch (Marx' Teilung des Produktionsprozesses in Produktions- und Konsumtionsgüter beläßt diesem Prozeß seine Einheit als Totalität.)

Natürlich führt die Produktion zur Konsumtion, aber diese reagiert auf jene und auf das Bewußtsein der Arbeiterklasse. Diese Wechselbeziehung gehört zur inneren Dynamik des heutigen Kapitalismus und Kommunismus:
- Je produktiver das Produktionssystem, desto weniger revolutionär die Arbeiterklasse. (Folglich werden die kommunistischen Parteien zu »partis de l'ordre«)
- Die Ausbeutung besitzt Kompensationsmöglichkeiten, die es früher nicht gab: die besseren Lebensbedingungen des Arbeiters betreffend Wohnung, Nahrung, Kleidung, Urlaub, Fernsehen usw. sind keine »Ideologie«, kein »falsches Interesse«.

Am wichtigsten ist jedoch die Tatsache, daß sich mit der weiteren Technologisierung des Produktionsprozesses und dem zunehmenden Anteil an Angestellten der Unterschied zwischen ihnen und der Arbeiterschaft immer mehr verringert, so daß die Arbeiterklasse schließlich kleinbürgerlich und Bestandteil des Systems wird.

Vor dem Hintergrund dieser Entwicklung (die in der Dritten Welt ganz anders verläuft) verliert die Politisierung der Kunst ihre gesellschaftliche Grundlage: Die Ausrichtung der Kunst auf die »Massen«, auf eine nichtexistente proletarische Weltanschauung [i. O. dt., d. Ü.] bewegt sich in einem gesellschaftlichen Vakuum, ist auf nichts ausgerichtet (Marx: »Die Arbeiterklasse ist revolutionär, oder sie ist nicht.«), oder sie orientiert sich an einer faktisch kleinbürgerlichen Weltanschauung (ein Ausverkauf, den der Surrealismus nie mitgemacht hat).

In dieser Situation kann die direkte Politisierung der Kunst, d. h. ihre Proletarisierung oder Popularisierung, nur um den Preis erreicht werden, daß man ihre radikal nonkonformistischen Eigenschaften ebenso opfert wie die Verpflichtung auf ihre innere, autonome (wiewohl geschichtlich gebundene) Wahrheit, die ihre eigenen, autonomen Darstellungs- und Kommunikationsformen erfordert.

Der Surrealismus hat diese Verpflichtung angenommen. Demzufolge kam es zum Zwiespalt zwischen der surrealistischen Kunst auf der einen und den politischen Ansichten und Aktionen der Surrealisten auf der anderen Seite. Bretons Dichtungen *Nadja, L'amour fou, Arcane 17* sind gegen seine ursprüngliche Absicht literarische Meisterwerke geworden. Der in ästhetischer Form Ausdruck gewinnende Impuls des Surrealismus gerät jedoch in Konflikt mit der revolutionären Praxis. (Das gilt auch für die großen, zutiefst surrealistischen Werke von Julien Gracq.) Der Surrealismus zollt der Entfremdung, die aller Kunst eigen ist, seinen Tribut.

1968 ist keine Widerlegung. »Die Phantasie an die Macht« war eine genuin surrealistische Forderung inmitten der Erhebung: direkte Politisierung der Kunst. Aber die Forderung verhallte in der Konfrontation mit der politischen Wirklichkeit – den Organisationen der Arbeiterbewegung, den Regierungstruppen, der Polizei.

In dieser Konfrontation zerrinnt der surrealistische Appell an die Spontaneität, das Unbewußte, den Wahnsinn zu Nichts. Er läuft der inneren Rationalität der Kunst zuwider, derzufolge sie ihren radikalen Gehalt nur in einem zweifachen Prozeß der Transformation und Sublimation kommunizieren kann:
1. Transformation der gegebenen Wirklichkeit in ein ästhetisches Universum, bei der diese Wirklichkeit ihres Alleinvertretungsanspruchs auf bindende Normen und Werte beraubt wird. Aufscheinen einer »anderen« Wirklichkeit: der der Befreiung.
2. Sublimation der unmittelbaren, individuellen, besonderen Erfahrung zur vermittelten Erfahrung des Allgemeinen im Besonderen.

Nur durch diese Sublimation löst sich das Kunstwerk von dem Künstler, der es schuf und wird zum Objekt für ein Subjekt (der Wahrnehmung, der Phantasie, des Verstehens), wird Kunst zum gesellschaftlichen (statt privaten) Subjekt und Objekt.

Dieser zweifache Prozeß macht die Rationalität der Kunst aus: ihre innere Verbundenheit mit der die Gesellschaft beherrschenden Rationalität, gegen die sie zugleich opponiert. Zwar sprengt Kunst die Rationalität der Gesellschaft auf und kann dies nur, wenn sie eine eigene Sprache spricht und eigene Bilder präsentiert. Aber diese andere Sprache ist in den alltäglichen Diskursen und der gewöhnlichen Wahrnehmung enthalten. Der Künstler enthüllt ihre radikal nonkonformistischen, kritischen Möglichkeiten: Sie beschwören die Notwendigkeit der Befreiung. Die extremen Ziele der Befreiung (die in den historischen Revolutionen gegenwärtig waren, aber unverwirklicht blieben) sind in der Kunst lebendig: in Worten, Bildern und Tönen, die nicht von dieser Welt sind (diese Welt = die gegebene Wirklichkeit), und nur in der Andersheit kann Kunst diese Ziele kommunizieren. Jedoch kann sie (und darin besteht ihre einzigartige Dialektik) ihr eigenes Universum nur durch das und »aus« dem existierenden Universum von Worten, Bildern und Tönen erschaffen. Das bedeutet mehr als die offenkundige Abhängigkeit der Kunst von der Tradition (dem sprachlichen, sinnlichen, geistigen »Material«). Es ist ein wesentlicher Aspekt ihrer Geschichtlichkeit.

Die ästhetische Rationalität ist zwiefältig: Sie errichtet und bewahrt die innere Bindung zwischen dem gegebenen Universum und dem Kunstwerk und evoziert Bilder der Befreiung als einer – von der gegebenen Wirklichkeit aus gesehen – möglichen Wirklichkeit. Die Kunst verleiht dem Unbewußten, dem Wahnsinn, der Spontaneität ihre »höhere Wahrheit«, indem sie diese »elementaren« Kräfte einem entmystifizierten und entmystifizierenden Bewußtsein unterwirft. So ist die griechische Tragödie in der Polis der Mythos und seine Entmystifizierung, so stellen Balzacs große Romane den Mythos des Spekulationskapitalismus und seine Entmystifizierung in der bürgerlichen Gesellschaft dar. Rimbauds Dichtung ist selbst der Mythos, der durch sein Leben entmystifiziert wurde, und sind Lautréamonts *Gesänge des Maldoror* vielleicht der Mythos, der in seinen *Dichtungen* entmystifiziert wird? Immer zeigt die Kunst diesen doppelten Bezug: auf die gegebene Wirklichkeit und auf ihre Negation – beides Bestandteile eines Universums.

Rationalität ist tatsächlich ein Wesenszug der Kunst: Sie vergegenwärtigt (re-präsentiert), was unterdrückt, verborgen, verunstaltet ist; vergegenwärtigt es nicht als Ziel an sich, sondern als Element in der Erschaffung des ästhetischen Universums. Es ist das Universum der Form.[1] Denn immer noch gilt: Form ist der Triumph über die zerstörerische Unordnung und die Ordnung, Form bannt die Furcht.

Unterwerfung des Unbewußten unter eine neue Rationalität, die Rationalität der Freiheit: Das ist auch die radikale Substanz des Vorhabens von Freud (das sich leicht in eine konformistische Therapie umwandeln ließ). »Wo Es war, soll Ich werden.« Das Es selbst ist kein Motor der Befreiung. Noch in der Revolte gegen die Unterdrückung trägt es deren Stigmata. Den Wunsch, das Begehren als letzthinnige Wirklichkeit zu feiern (wie eine pseudoradikale Psychologie es tut), ist Mystifikation, schlechte Metaphysik, naturalistischer, nicht dialektischer Materialismus. Das Begehren ist immer nur das Begehren bestimmter Individuen unter bestimmten, sie prägenden Existenzbedingungen. So kann selbst das elementarste Begehren repressiv sein und muß im Kampf um die Befreiung unterdrückt werden. Das nämliche gilt für den Wahnsinn und die Spontaneität. (Der Wahnsinn der »Manson-Family« trägt die gewalttätigen Züge der amerikanischen Gesellschaft, ist kein Ausdruck des Protests gegen sie.) Der Kult der Spontaneität ist im Lauf der Geschichte immer wieder von der reaktionären Politik in Dienst genommen worden.

Aus der schöpferischen Fähigkeit, die gesamte »subrealistische«, subrationale Sphäre in den Zusammenstoß zwischen dem wirklichen und dem möglichen Universum zu »übersetzen«, ergeben sich die Ausdrucksmöglichkeiten für das politische Potential der Kunst. Diese Übersetzung zerstört nicht die ästhetische Form, sondern macht vielmehr ihr Wesen aus: Übereinstimmung von Sinnlichkeit, Phantasie und Vernunft. Und nur in dieser Form, als Werk, kann die Kunst Anschluß finden an die permanente Revolution, kann Ausdruck sein des fortdauernden Bedürfnisses nach Befreiung, aber auch der Grenzen der Befreiung.

Diese Grenzen werden durch die Permanenz der Kunst selbst gezogen. Kunst ist ihrem Wesen nach tragisch. Klassengesellschaft, Ausbeutung und Tauschwirtschaft sind nicht an allem schuld, und das

Proletariat ist nicht der Erlöser. Die Grenzen der Befreiung liegen im doppelten Antagonismus zwischen dem Allgemeinen und dem Besonderen sowie zwischen Subjekt und Objekt. Die Behauptung, daß die freie Entfaltung des einzelnen Bedingung ist für die freie Entfaltung aller, leugnet diesen Antagonismus nicht, sondern umreißt nur seine nicht-destruktive Erscheinungsform. Das Allgemeine (Gesellschaft, Gemeinschaft) ist seinem Wesen nach auch dann etwas anderes als das Besondere (das Individuum), wenn es ihm nicht als eigenständige Macht aufgezwungen wird, und Materie und Natur bewahren einen objektiven Kern, der sich in die menschliche Subjektivität nicht auflösen läßt.

Das Allgemeine wirkt in den grundlegenden Institutionen der materiellen und geistigen Kultur, der gesellschaftlichen Arbeits- und Freizeitteilung, der natürlichen Umgebung. Die Aufhebung der Klassenspaltung würde diese von den Individuen sich unterscheidende Wirklichkeit unberührt lassen. In dieser Hinsicht würde selbst der integrale Sozialismus die »Rationalisierung« des Begehrens, d. h. seine Befriedigung innerhalb des allgemeinen Systems der Bedürfnisse, erforderlich machen. Unterdrückung? Ja. Jedoch (im Optimalfall) Unterdrückung durch die assoziierten Individuen und in ihrem wahren Interesse. Davon sind wir noch weit entfernt.

Das Selbst, das seinen authentischen Ausdruck im Kunstwerk findet, ist immer das transformierte, sublimierte Selbst; nur so kann es jenseits der persönlichen, privaten Befreiung und Notwendigkeit allgemeine Gehalte transportieren. In dieser inneren Dynamik verbindet sich die Kunst mit dem Kampf um die Veränderung der Welt.

Die surrealistische Betonung des Automatismus, der Schöpferkraft des Unbewußten ist ein Trugbild. Das Unbewußte mag phylogenetisch und zugleich ontogenetisch sein, der Entwicklung der Spezies wie der des Individuums zugehören, aber die überindividuellen, allgemeinen Inhalte des Es sind nur dem begrifflichen Denken zugänglich (in der Kunst: der sinnlichen Rationalität, der ästhetischen Formung). Wenn irgend jemand automatisch, spontan niederschreibt, was ihm in den Sinn kommt, ist das eine Privatangelegenheit, die Bekundung privater Freuden, Schmerzen oder Begierden, die keine »höhere Wahrheit« zu sein beanspruchen kann. So wie es »Egotrips« gibt, die nur private Bedeutung besitzen, gibt es auch Es-Trips, die nichts sind als narzißtische Befriedigung. (Überdies glaube ich nicht, daß es so etwas wie automatisches Schreiben oder Malen gibt, weil das Bewußtsein der Spontaneität von Anfang an ins Gehege kommt, wenn auch vielleicht auf verdeckte, unbewußte Art und Weise.) Noch der avantgardistischste Künstler braucht Worte, Bilder, Töne als Mittel der Kommunikation. Dadurch wird seine »Spontaneität« begrenzt; er kann nicht in unbeschränkter Freiheit mit Bildern spielen, die Syntax zerbrechen, seine eigene Sprache erfinden (denn seine freie Entfaltung ist noch nicht die Bedingung für die freie Entfaltung aller).

Die Kunst entsteht im Medium der Erfahrung, während sie zugleich die Vertrautheit dieses Mediums untergräbt: Verfremdung von innen heraus. Wie dies geschieht, hängt von der jeweiligen historischen Situation (der Kunst wie der Gesellschaft) ab. Walter Benjamin konnte noch annehmen, daß der »parasitäre« und elitäre Charakter der »bürgerlichen Kunst« und ihrer Wertschätzung durch den Schock untergraben werden könnte – der Faschismus hat diese Illusion zerstört, und eine Gesellschaft, die Völkermord und Naturvernichtung absorbiert, dürfte auch gegen den Schock in der Kunst immun sein.

Im dritten Kapitel von *Konterrevolution und Revolte* habe ich die Frage, ob nach Auschwitz und Vietnam Kunst (Lyrik) noch möglich sei, bejaht. Die Vorstellungen und Bilder von Befreiung sind in der Kunst auch weiterhin heimisch und stehen der ästhetischen Form als Form der Entfremdung immer noch nahe. Das kann heute Regression, Rückzug, Umkehr bedeuten – vielleicht eine notwendige Entwicklungsphase innerhalb einer historischen Situation, in der die Zerstörung der ästhetischen Form allzusehr der Gewalt und Zerstörung ähnelt, von der die gegenwärtige Gesellschaft durchherrscht wird.

Natürlich hat noch kein Meisterwerk die Massen dazu gebracht, »auf die Straße« zu gehen – und das wird auch nie geschehen. Und die Frage ist nicht, wie man die Kunst den Massen oder die Massen der Kunst näherbringt. Das radikale Potential der Kunst kann nicht popularisiert werden, solange es den repressiven und aggressiven Bedürfnissen, die den Massen durch die Gesellschaft eingepflanzt werden, entgegensteht. Es gibt einen (durch die Kunst nicht aufzulösenden) schreienden Konflikt zwischen den Bedürfnissen der Menschen in der Klassengesellschaft und den ästhetischen Eigenschaften der Kunst: So lange die Menschen um ihre tägliche Existenz, gegen ihre Entmenschlichung, gegen ihre eigene Brutalität und die ihrer

Herren kämpfen müssen, bleibt die Bewahrung der Kunstformen, ja der Kunst selbst, eine anti-populistische Bewegung.

»Es ist grundlegend falsch, bürgerliche Kultur und bürgerliche Kunst proletarischer Kultur und proletarischer Kunst entgegenzusetzen. Letztere wird niemals existieren, weil die Herrschaft des Proletariats zeitlich begrenzt ist. Die historische Bedeutung und moralische Größe der proletarischen Revolution liegt darin, daß sie die Grundlagen für eine Kultur schafft, die die Klassen übergreift und die die erste wirklich menschliche Kultur sein wird.« (Trotzki 1924).

Doch selbst diese Argumentation erwies sich als unhaltbar. Das revolutionäre Proletariat könnte unmöglich eine Kunst schaffen, die auch noch die Bestrebungen der revolutionären Klasse selbst transzendierte. Und wenn die Fundamente einer sozialistischen Gesellschaft erst einmal gegossen sind, wird ihre Kunst und Kultur nicht mehr proletarisch, sondern allgemein-menschlich sein – jenseits aller Klassen. Gerade im Rahmen der Marxschen Theorie muß der Begriff einer proletarischen Kunst als unsinnig erscheinen.

Die Kluft zwischen der Kunst und den Massen kann in dem Maße verringert werden, in dem die Massen aufhören, »Masse« zu sein (d. h. beherrscht, regiert zu werden). Die wirkliche sozialistische Revolution des zwanzigsten und einundzwanzigsten Jahrhunderts wären die katastrophischen Transformationen nicht nur der materiellen und kulturellen Institutionen, sondern auch die der Sinnlichkeit, Phantasie und Vernunft der an diesen Transformationen beteiligten Menschen. Hierbei würden die ästhetischen Eigenschaften eine entscheidende Rolle spielen – nicht als Dekoration, Ritual und Oberfläche, sondern als Ausdruck der vitalen Bedürfnisse der Individuen. (Das heißt natürlich nicht, daß alle Menschen Dichter werden sollen, was mit dem dialektischen Materialismus ohnehin unvereinbar wäre. Der Unterschied zwischen der Poesie und »la prose du monde« ist unüberwindbar, und das Reich der Notwendigkeit wird sich gegen eine solche Verallgemeinerung der Kunst verwahren.)

Die radikale Transformation der geistigen (rezeptiven und kreativen) Fähigkeiten, kann nur in einem bestimmten Entwicklungsstadium kapitalistischer und kommunistischer Gesellschaften zu einem

Impuls radikaler gesellschaftlicher Veränderung werden, nämlich dann, wenn gesellschaftliche Organisation und Arbeitsteilung und Vollzeitbeschäftigung überflüssig geworden sind. In diesem Stadium würde die konkrete Alternative im täglichen Arbeitsprozeß, im Produktionsprozeß geistiger und körperlicher Arbeit auftauchen. Ich glaube, daß dieses Stadium durch den Kampf um die Reorganisation der Arbeit in den technologisch am weitesten entwickelten kapitalistischen Staaten eingeläutet wird. Dieser Trend (der sich langsam vollzieht und nicht unumkehrbar ist) macht die Fließbandarbeit allmählich überflüssig und führt zur Eigenverantwortlichkeit des Individuums und von Arbeitsgruppen über immer größere Produktionseinheiten.[2] Wenn die organisierte Praxis der Arbeiterklasse sich diese Ziele zu eigen machte, hätte das die Beseitigung der überflüssigen und unmenschlichen Eigenschaften der Produktion und die Beseitigung der Hierarchie, die diese Eigenschaften begünstigt, zur Folge.

Die Produktion des Kunstwerks ist auch die Produktion des Subjekts als (potentiellem) »Konsumenten«[3], d. h. der Männer und Frauen, deren Sinnlichkeit, Phantasie und Vernunft für die ästhetische Wahrheit und Wirklichkeit offen sind. In der Klassengesellschaft kann dieses Subjekt nur ein Individuum sein, nicht aber »die Massen«. Im Gegensatz dazu sind die Massen das (gesellschaftliche) Subjekt von Rockfestivals, Straßentheatern usw. Jedoch findet in dieser direkten Popularisierung (die keiner Veränderung in der Gesellschaftsstruktur entspricht, mittels derer die »Massen« zu Subjekten ihrer Existenz würden) keine ästhetische Transformation und Sublimation, d. h. keine der Kunst wesentliche Entfremdung statt. Diese Produktionen haben affirmativen Charakter, wenngleich auf ganz andere Weise als die traditionelle Kunst. Sicher verliert ein »Klassiker« die ihm eigene kritische Entfremdung, wenn er zum Bestandteil der etablierten Kultur wird, aber in seiner Rezeption bleibt etwas erhalten, das sich gegen die spontane Identifikation sträubt – etwas »Fremdes«, Unbesetztes ...

Die Massen können erst dann als wirkliches gesellschaftliches Subjekt zum Subjekt der Kunst werden, wenn die entfremdete Arbeit allmählich kreativer Arbeit in der gesellschaftlichen Reproduktion weicht. Das wäre die Wende von der quantitativen zur qualitativen Produktion: das Merkmal der wirklichen sozialistischen Revolution. Qualitative Produktivität: Das bedeutet nicht nur die Erhöhung der

Quantität der produzierten Waren und Dienstleistungen, sondern auch die Produktion anderer Gegenstände auf andere Art – durch andere Menschen für andere Menschen. Nur in diesem Prozeß könnte die Infrastruktur der Gesellschaft, die Produktionsweise sich der ästhetischen Dimension öffnen und ihre Verwandtschaft zur Kunst offenbaren. Und nur in diesem Prozeß könnten ästhetische Bedürfnisse in der Infrastruktur selbst verankert werden. Kreative Arbeit im grundlegenden Produktionsprozeß, die fundamentale Bedürfnisse ebenso befriedigt wie den Wunsch nach »Luxusgütern«. Kreative Arbeit, die kein Hobby, keine Entspannung von entfremdeter Arbeit ist, sondern die Entfaltung von Fähigkeiten bedeutet, die in der umfassenden Rekonstruktion und Reproduktion der Gesellschaft freigesetzt werden. In diesem Fall würde das Kunsthandwerk die technologische, automatisierte Produktion nicht ersetzen, sondern sich allererst auf deren Grundlage entfalten. Das wäre die ästhetische Formierung der Dinge, die, wie Marx einst bemerkte, auch nach den Gesetzen der Schönheit verfährt: die Erschaffung einer Umwelt für die Entfaltung freier Individuen, ihrer Wünsche, ihrer Phantasie, ihrer Intelligenz, ihres Friedens, ihres Triumphs über Gewalt und Furcht.

Nachweise und Anmerkungen

1 Friedrich Nietzsche: »Man ist um den Preis Künstler, daß man das, was alle Nicht-Künstler ›Form‹ nennen, als Inhalt, als ›die Sache selbst‹ empfindet. Damit gehört man freilich in eine verkehrte Welt: denn nunmehr wird einem der Inhalt zu etwas bloß Formalem – unser Leben eingerechnet.«
2 Am anderen Ende des Spektrums finden wir diesen Trend in der dezentralen, weitgehend autonomen Industrialisierung der chinesischen Kommunen. Die technische und administrative Reorganisierung der Produktion »von unten« (innerhalb des Gesamtplans) führt zur Entwicklung autonomer Fähigkeiten und Bedürfnisse seitens der Produzenten – und der Konsumenten.
3 Vgl. Karl Marx, *Grundrisse der Kritik der politischen Ökonomie*, Teil I, Moskau 1939, S. 14; Nachdruck Wien und Frankfurt/M. o. J.

Zweiter Brief

Haben Sie wirklich nicht bemerkt, daß die These über den unversöhnlichen Widerspruch zwischen Kunst und Revolution nur eine Paraphrase der zentralen These des Surrealismus in ihrer radikalsten Gestalt ist? Haben Sie vergessen, daß das surrealistische Manifest von 1938 den Titel trägt: »Pour un art révolutionnaire indépendant« und den Schlüsselsatz enthält, daß wahrhafte Kunst »ne peut pas ne pas être révolutionnaire«? Anders gesagt, ist authentische Kunst ihrem Wesen nach revolutionär und genau aus diesem Grund frei von den Erfordernissen einer besonderen revolutionären Praxis. In diesem Sinne ist Kunst autonom, und das Manifest fordert »toute licence en art«. Könnte irgendetwas in größerem Widerspruch zur revolutionären Praxis stehen? Schon lange vor dem Manifest von 1938 heißt es in der Schrift *Légitime défense* von 1926: »... il n'est pas moins nécessaire, selon nous, que les expériences de la vie intérieure se poursuivent et cela, bien entendu, sans contrôle extérieur, *même marxiste*« (Hervorhebung von mir).[1] Und Pierre Naville schreibt 1927: »Le surréalisme ... s'aiguille ... dans une direction, qui peut le mettre d'un moment à l'autre *en contradiction avec les nécessités les plus élémentaires de la révolution prolétarienne*« (Hervorhebung von mir).[2]

Ich zitiere hier Autoritäten, Heilige Schriften – weil ich meine, daß diese Behauptungen den revolutionären Kern des Surrealismus, seine radikale Überschreitung des gegebenen Realitätsprinzips, enthalten. Zudem sollte man nicht davon ausgehen, daß diese Thesen sich nur auf die Praxis der kommunistischen Partei beziehen; tatsächlich betreffen sie die Beziehung zwischen der Kunst und jeder revolutionären Praxis. Indem der Surrealismus für die innere Notwendigkeit der Kunst (ihre Autonomie) eintrat, erkannte er die Erfordernisse der revolutionären Praxis und ihrer Ziele an. Er kämpft für diese Ziele, während er für seine eigene unabhängige Revolution kämpft: die Revolution der Kunst.

Ich sprach von einem unversöhnlichen Widerspruch und ging davon aus, daß Sie mit dem dialektischen Denken vertraut sind. Surrealismus und revolutionäre Praxis – die Einheit der Gegensätze. Darin läßt sich zusammenfassen, was ich sagen wollte!

Gegen die Behauptung, der Surrealismus sei einem undialektischen Materialismus verfallen, ließe sich einwenden, daß das surrealistische Beharren auf der *liberté totale de l'esprit,* der kognitiven Macht der Phantasie, die vulgärmarxistische Schematisierung der Beziehung zwischen gesellschaftlichem Sein und Bewußtsein (Ideologie) korrigiert.

Der Surrealismus umgeht so eine der Fallgruben marxistischer Ästhetik: die erzwungene Orientierung der Kunst auf eine (nichtexistente) proletarische Weltanschauung [i. O. dt., d. Ü.], auf die Bedürfnisse der Massen.

»Das gesellschaftliche Sein bestimmt das Bewußtsein.« Aber das gesellschaftliche Sein der Massen besteht in lebenslanger Knechtschaft, die ein unfreies, blockiertes Bewußtsein erzeugt, das seinerseits die Bestrebungen und Bedürfnisse der Massen bestimmt (und entstellt). Diese (negative) Determination wird umso stärker sein, je stärker die Massen in die kapitalistische Gesellschaft integriert werden, und das Bewußtsein wird von den Massen in dem Maße reproduziert werden, in dem es in ihren Bedürfnissen wurzelt.

Wie kann sich unter diesen Umständen ein revolutionäres Bewußtsein »von innen heraus« entwickeln?

Warum nicht zugeben, daß Lenins Avantgarde-Theorie, die aus dieser Situation die richtigen Schlüsse zieht, eine durch und durch »elitäre« Theorie ist?

Und das gleiche gilt, mutatis mutanda, für die Beziehung zwischen der Kunst und den Massen: Was immer die Kunst zur Entwicklung eines revolutionären Bewußtseins beitragen kann, wird an das Bewußtsein der Massen »von außen« herangetragen.

Dieses »von außen« bezieht sich nicht auf irgendeine bürokratisch-autoritäre Partei, sondern auf alle Gruppen und Individuen, die, unabhängig von ihrer Klassenherkunft, mit dem konformistischen Bewußtsein gebrochen haben, sich aber der Revolution, der politischen Arbeit, weiterhin verpflichtet fühlen.

Radikale Kunst würde heute die unerhörten Möglichkeiten der Freiheit bezeugen und für eine Sinnlichkeit und Phantasie eintreten, die mit einem qualitativ anderen Universum der Bedürfnisse und Befriedigungen verbunden sind, d. h. mit dem Leben als Zweck an sich, das nicht mehr durch die Erfordernisse einer Vollzeitbeschäftigung bestimmt ist. Die surrealistische Forderung nach absoluter Autonomie des Geistes ist Ausdruck dieser gegen jeglichen kompromißbereiten »Realismus« erhobenen Forderung, und ohne dieses Element des Idealismus wäre der Surrealismus politisch bedeutungslos – eine künstlerische Spielwiese mehr.

Mit David Schanoes kann ich mich nicht streiten, weil er keine Argumente bietet. Stattdessen wiederholt er die gängigen kleinbürgerlichen Klischees gegen »deutschen Geist« und »deutschen Stil«, gegen das abstrakte Denken (hat er jemals das erste Kapitel des *Kapital* gelesen?), die Unterstellung idealistischer Elemente im Materialismus (als hätten Marx und Lenin nichts mit Hegel zu tun). Mit Fakten verfährt er, wie es ihm beliebt: Er hält den Jazz immer noch für eine poetische Negation des Kapitalismus, wo doch Jazz längst etabliert ist, er glaubt, Adornos Aufsatz über den Jazz sei fast 30 Jahre nach Benjamins *Das Kunstwerk im Zeitalter seiner technischen Reproduzierbarkeit* erschienen; tatsächlich erschienen beide Schriften im selben Jahr. (Nebenbei bemerkt: Man kann Adorno einiges vorwerfen, ihn aber der »vollkommenen Blödheit« zu bezichtigen, ist das Dümmste überhaupt!)

Alles übrige in Schanoes' Aufsatz ist romantische Nostalgie. Er schreibt, als ob die Arbeiterklasse der zweiten Hälfte des zwanzigsten Jahrhunderts noch die der Mitte des neunzehnten Jahrhunderts wäre, als ob wir noch in den zwanziger oder dreißiger Jahren lebten, als ob die russische Revolution noch die bolschewistische wäre usw. Eine Aussage von Marx aus dem Jahr 1843 hält er für die »logische Folge« einer Aussage von 1865 – ein schönes Beispiel dafür, wie sehr er die historische Substanz des dialektischen Materialismus verkennt.

Ich bedaure Ihre humorlose Reaktion auf meine Bemerkungen. So behandeln Sie den Aspekt der automatischen Schreibweise mit einem *esprit de sérieux*. Abgesehen von den zur Zeit des Experiments vorgelegten Beispielen ist keine der authentischen Schriften des Surrealismus durch automatische Schreibweise entstanden, und die Beispiele selbst tragen nichts zum surrealistischen Werk bei. Ein anderes Beispiel ist Bretons Aussage über die Malerei als »bedauerlicher Notbehelf«. Lesen Sie doch noch einmal *Le surréalisme et la peinture* und werfen Sie einen Blick auf Max Ernst. Der Surrealismus besitzt die wunderbare Fähigkeit der Ironie und Selbstberichtigung, die Ihren Entgegnungen bedauerlicherweise fehlt. Und Marcel Duchamps

Urinoir im Museum kann doch nicht ewig als Beginn der radikalen Kunst begriffen werden!

Was Kunst ist, hängt nicht vom Wandel des Geschmacks, der Moden usw. ab. Ein besonderer Stil, eine besondere Form kann nicht »aus der Mode geraten«; die historische Qualität der Kunst läßt sich nicht mit dem Wandel der Mode vergleichen, ist vielmehr eine Transformation, in der die Substanz im Wechsel der Ausdrucksformen bewahrt wird. Ein Beispiel: Der Jugendstil ist keine angemessene ästhetische Form mehr, aber was an ihm Kunst (vielleicht gar revolutionäre Kunst) war, hat nach einer Periode der Ablehnung und des Vergessens seine Spur in späteren Stilformen hinterlassen: eine weniger raffinierte, weniger sublimierte Sinnlichkeit der Darstellung von Personen und Dingen. Ein anderes Beispiel: Die Emphase der Symphonien Beethovens klingt mittlerweile etwas hohl, weil der Humanismus, der in ihnen mitschwingt, in der Brutalität des zwanzigsten Jahrhunderts untergegangen ist. Jedoch bleibt die Idee des Humanismus als Formprinzip des Werks weiterhin gültig.

Ich sagte, daß ein alle historischen Wandlungen überdauerndes Wesensmerkmal der Kunst im Unterschied zwischen Kunst und Realität liegt. Das bedarf der Verdeutlichung. Offenkundig sind Kunstwerke – eine Statue, ein Gemälde, ein Buch, eine Partitur – wirkliche Objekte in der wirklichen Welt (res extensae, Dinge), aber sie werden anders erfahren als andere Objekte, die das Universum der Praxis ausmachen. Sie sind, was sie sind, nicht als Gegenstände (ein Stück Marmor, Papier, farbige Leinwand usw.), sondern als Vergegenständlichung eines imaginären Universums, das aus dem Stoff der Wirklichkeit (dem Material der Sprache, Farben, Töne usw.) errichtet wurde. Und dieses imaginäre Universum hat seine eigene Objektivität: Das Werk ist in keinem Fall lediglich das Produkt der privaten Vorstellungskraft (und Sinnlichkeit, Vernunft) des Künstlers, vielmehr reflektieren seine geistigen Fähigkeiten ein Bewußtsein und eine Sinnlichkeit, die einmal allen zu eigen sein soll.

Nur die transformierte Wirklichkeit ist die Wirklichkeit der Kunst, und nur diese Transformation (die jeden Gegenstand und jeden seiner Aspekte verändert) ermöglicht die neue Wahrnehmung, Erfahrung, Verstehensweise der Welt in der ästhetischen Rezeption – den Bruch mit dem Monopolanspruch der etablierten Erfahrung und der gegebenen Wirklichkeit –, ermöglicht die neue Subjektivität.

Dieser Bruch mit der gegebenen Wirklichkeit kann durch die reine Ortsveränderung eines Objekts nie erreicht werden. Duchamps *Urinoir* bleibt auch im Museum ein Urinoir; seine Funktion ist lediglich außer Kraft gesetzt; es bleibt, was es ist: ein Pißbecken. Umgekehrt ist ein Gemälde von Cézanne auch auf dem Klosett ein Gemälde von Cézanne.

Der selbsternannte neue Radikalismus, dem es um solche Ortsveränderungen eines realen Gegenstands geht, läutet nicht das Ende der Kunst, noch der bürgerlichen Kunst, noch den Beginn einer neuen Kunst ein, sondern befördert lediglich die Abdankung oder Abwesenheit jener kritischen Phantasie, die sich als schöpferische Kraft der Befreiung vom Establishment widmet. Angesichts dieser Objekte sind wir keinen Schritt weitergekommen: Die Suppendose von Campbell in der Kunstausstellung verweist auf die Suppendose im Supermarkt (und fördert möglicherweise den Verkauf). Der Betrachter, der noch nicht zur Clique der Eingeweihten gehört, reagiert nicht schockiert, sondern verwirrt: Hier ist etwas, das er ernstnehmen oder mit schwarzem Humor betrachten soll, doch er fühlt, daß an der Sache etwas faul ist.

»Die Kunst soll von ihrem Sockel herabsteigen«: Nehmen wir diesen Schlachtruf ernst – wie klingt er? Was ruft er hervor?

Was oben ist, muß herabsteigen, was zu hoch ist, muß niedriger werden. Das schmeckt stark nach kleinbürgerlichem Ressentiment: Die Kunst soll nicht länger »über dieser schmutzigen Welt verweilen«, sondern sich selber die Hände schmutzig machen. Aber war sie jemals »über« der Welt? Noch die reinste Kunst war Bestandteil dieser schmutzigen Welt, die Künstler machten sich die Hände bisweilen ziemlich schmutzig, und ihre Werke bezeugen es. Der Konflikt zwischen Kunst und Wirklichkeit gehört einer und derselben Welt an.

Aber das Bild vom Sockel und vom »Herabsteigen« ist nicht nur falsch, sondern enthüllt auch eine bestimmte gesellschaftliche Einstellung. Wenn (was ich für wahr halte) die Kunst durch die Entfremdung von der gegebenen Wirklichkeit und durch die Erschaffung einer »imaginären« Gegenwirklichkeit zu einer radikal kritischen Kraft wird, dann würde die Zurücknahme oder Beseitigung dieser Eigenschaften die Kunst in die repressive Gesellschaft integrieren und sie zum Vergnügen, zum Mißvergnügen, zur Sache des Establishments machen. Diese Transposition würde die Dimension der »privilegierten Kommunikation«, das Lebenselement der Kunst, zerstören. Die Kommunikation ist in dem Sinne privilegiert, als sie das einzige Medium darstellt, um Wahrheiten auszudrücken, die nur in der ästhetischen Form vermittelt werden können. In der westlichen Zivilisation ist dieses Privileg zu einem gesellschaftlichen geworden. In dem Maße, wie es die Freisetzung von der Vollzeitbeschäftigung sowie ökonomische Unabhängigkeit voraussetzte, blieb die Arbeiterklasse (und aus demselben Grund auch die weibliche Bevölkerung) davon ausgeschlossen. Es sollte klar sein, daß die historische Verbindung zwischen Kunst und sozialem Privileg nicht durch die Manipulation der Kunst, ihrer Objekte und ihrer Rezipienten, sondern nur durch die Abschaffung der herkömmlichen gesellschaftlichen Arbeitsteilung aufgebrochen werden kann.

Nachweise und Anmerkungen

1 »Unserer Auffassung nach reicht es aus, daß die inneren Erfahrungen ihren Gang gehen, und zwar, wohlgemerkt, ohne äußere Kontrolle, und sei sie auch marxistisch.«
2 »Der Surrealismus ... entwickelt sich ... in eine Richtung, die ihn von einem Moment zum andern zu den grundlegendsten Notwendigkeiten der proletarischen Revolution in Widerspruch bringen kann.«

Kunst und Befreiung

Im Jahr 1973 erschien in Deutschland Marcuses Essayband *Konterrevolution und Revolte*. Die Publikation war Ergebnis einer Vorlesungsreihe an der Universität von Princeton und an der New School for Social Research in New York. Unter dem Titel »Kunst und Revolution« ist dort ein Beitrag veröffentlicht, in dem sich Marcuse explizit gegen eine Aufspaltung von »bürgerlicher« und »revolutionärer« Kunst wendet. Während der Studentenrevolte, die unter anderem auch als Kulturrevolution interpretiert wurde, stritten Künstler aus verschiedenen Bereichen über das Engagement der Kunst im Rahmen des »revolutionären Prozesses«. Gefordert wurde eine »proletarische Kultur und Literatur«, die den Herrschaftscharakter der bürgerlich-kapitalistischen Gesellschaft aufzeigt oder, wie es in der marxistischen Kulturideologie hieß, »widerspiegelt«.

Für Marcuse machte diese Forderung keinen Sinn. In einem auf deutsch nicht veröffentlichten Interview zu seinen ästhetischen Arbeiten widerspricht Marcuse der Auffassung, es gebe eine »originär revolutionäre Kunst«. »Kunst kann die Revolution nicht repräsentieren… Daher kann das Ziel der Revolution – eine Welt der Friedfertigkeit und der Freiheit – unter den ästhetischen Gesetzen der Schönheit und Harmonie in einem gänzlich unpolitischen Medium erscheinen.« Nur wenn Kunst negativ bleibe, sei sie in der Lage, die bestehende Realität selbst zu negieren. Das Verhältnis von Kunst und Politik ist nach Marcuse im Sinne der Hegelschen Dialektik die »Einheit zweier Gegensätze«. Den emanzipatorischen Gehalt der Kunst koppelt Marcuse eng an den Begriff des authentischen Kunstwerks. »Nur authentische Kunst ist negativ und zwar in dem Sinne, daß sie sich weigert, der bestehenden Wirklichkeit zu gehorchen, mit ihrer Sprache, in ihrer Ordnung, in ihren Konventionen, in ihren Bildern. […] So vermittelt Kunst eine Vorstellung von einer freieren Gesellschaft und von engeren menschlichen Beziehungen. Aber darüber hinaus kann Kunst nicht gehen.« (»The Philosophy of Art and Politics. Dialogue between Richard Kearney and Herbert Marcuse«. In: *The Crane Bag Journal of Irish Studies,* Vol.1, no 1, 1977. Aus dem Amerikanischen von P.-E. Jansen.)

Anfang Mai 1974 veranstaltete Radio Bremen die Kulturtage *Pro musica nova*. Hauptreferent am Abschlußabend des Festivals war Herbert Marcuse. In seiner bisher unveröffentlichten Rede führte er seine Hauptthese von 1973 weiter aus. Den einstigen »Propheten der neuen Linken« einzuladen, war zu dieser Zeit schon eine mutige Entscheidung. Der Zenit der Studentenbewegung war überschritten, um Marcuse war es still geworden in Deutschland. Umso überraschender, daß Marcuse seine »Bemerkungen zum Thema Kunst und Revolution« in der überfüllten Halle des Alten Bremer Rathauses vorstellen konnte.

Das Bremer Vortragsmanuskript von 1974 kann als Fortsetzung des Textes aus *Konterrevolution und Revolte* und gleichzeitig als Vorbereitung auf *Die Permanenz der Kunst. Wider eine marxistische Ästhetik* (1977) gewertet werden.

Im Marcuse-Archiv befinden sich zwei unveröffentlichte Typoskripte zu diesem Thema. Die deutsche Fassung mit dem amerikanischen Titel »Art and Revolution« ist mit »September 1973« datiert und umfaßt 51 Seiten. Diese Version ist allerdings keine Übersetzung des gleichnamigen Textes, der in englischer Sprache 1972 in der *Partisan Review* erschien und eine Zusammenfassung des 3. Kapitels aus *Counterrevolution and Revolt* darstellt.

Die Bremer Rede mit einem Umfang von 48 Seiten beginnt mit einem Deckblatt (497.00). Darauf vermerkte Marcuse den deutschen Titel »Kunst und Revolution« und »Oktober 1974«. Wahrscheinlich hat Marcuse die Rede für eine Veröffentlichung überarbeitet, denn das Typoskript unterscheidet sich von den üblichen Vortragsmanuskripten. Beide Versionen sind mit zahlreichen handschriftlichen Ergänzungen und Korrekturen versehen. Es konnte nicht geklärt werden, aus welchem Grund Marcuse diese in einigen Abschnitten sehr unterschiedlichen Versionen erstellte. Da sowohl Anlaß als auch Ort der Rede von 1974 zweifelsfrei zuzuordnen sind, hat sich der Herausgeber für die Veröffentlichung der Bremer Rede entschieden. Der Titel »Kunst und Befreiung« wurde deshalb gewählt, damit sich der Text deutlich von der Veröffentlichung aus dem Band *Konterrevolution und Revolte* unterscheiden läßt. Der Abdruck berücksichtigt alle von Marcuse selbst durchgeführten Änderungen.

Die Beschäftigung mit ästhetischer Theorie bedarf der Rechtfertigung gegenüber einer Realität, die nur durch die radikale politische Praxis verändert werden kann. Sinnlos, die Verzweiflung zu leugnen, die in dieser Beschäftigung steckt: Rückzug in eine Dimension, in der das Bestehende nur in der Einbildungskraft verwandelt und überschritten wird, Fiktion bleibt. Die These der Marxistischen Ästhetik, nach der die fiktive Qualität der Kunst reduziert oder aufgehoben werden kann, und zwar durch die Gründung der Kunst in revolutionärer Praxis und Weltanschauung, muß neu überprüft werden. Die Bindung der Kunst an die je bestehenden Produktionsverhältnisse, der Klassencharakter der Kunst droht in der ständig anwachsenden Marxistischen Ästhetik zur rituellen Phrase zu werden: Ihre Überprüfung ist notwendig. Im folgenden sollen nur einige Aspekte des Problems zur Diskussion gestellt werden.

Zunächst die Frage nach der Möglichkeit der Kommunikation. Sie ist in einem bestimmten Sinn erst im Spätkapitalismus zum Problem geworden. Unter seiner Herrschaft wäre die Veränderung der Welt wörtlich die Veränderung des Ganzen der materiellen und intellektuellen Kultur, der Daseinsform von Mensch und Natur in allen Bereichen – der qualitative Sprung. Das heißt aber, daß die Kunst, wenn sie wirklich Faktor radikaler Veränderung sein soll, die bestimmte Negation des Bestehenden vermitteln muß.

Nun ist aber die Kunst in dieser Funktion, was den Rezipienten anbetrifft, auf die etablierte Öffentlichkeit angewiesen: Diese muß angesprochen werden. Sicher nicht die ganze Öffentlichkeit; sicher ist das anzusprechende Subjekt der Veränderung das Volk, die ausgebeutete Klasse, die beherrschten Massen. In ihnen soll die revolutionäre Kunst ihren Boden, ihre Form finden. Konkret: Die Kunst soll in ihrer Sprache, ihren Bildern, ihrer Thematik die Bedürfnisse der Massen artikulieren und reflektieren und die realen Möglichkeiten der Befreiung erscheinen lassen. Aber die Bedürfnisse der Massen sind im Spätkapitalismus in hohem Grade integriert: Sie sind konservativ; sie reproduzieren das Bestehende. Und dessen Reproduktion durch die Beherrschten hat seine wirkliche materielle Basis: in der Produktivität des Systems und in der Macht seines Herrschaftsapparats. Die radikale Erfahrung seiner Schrecken, seiner Unmenschlichkeit bleibt noch fragmentiert, der Verwaltung zugänglich; ihre radikale Politisierung in minoritären Gruppen isoliert.

Der Bruch mit der Integration und die Entwicklung des Bewußtseins der realen Möglichkeiten der Befreiung erfordern die Erschütterung der das Bestehende reproduzierenden Erfahrung, oder: die Erfahrung einer anderen (als potentiell gegebenen) Wirklichkeit. Nur eine solche Subversion der Erfahrung kann die Notwendigkeit der Befreiung in den Individuen selbst entstehen lassen: als Forderung der Vernunft und der Sinnlichkeit, des Bewußtseins und der Triebstruktur, der Wahrnehmung und der Einbildungskraft. Und die Subversion der Erfahrung ist eine wesentliche Qualität der Kunst.

Wenn auf diesem Grunde die Kunst revolutionär werden kann, dann wird sie zu dem Bestehenden wesentlich antagonistisch sein: Negation. Und je mehr auch die ausgebeuteten Klassen – das Volk – dem Bestehenden verfallen, wird die Kunst auch dem Volk entfremdet sein. Das Subjekt ihrer Rezeption ist dann zunächst gesellschaftlich anonym; es fällt nicht unmittelbar mit dem Subjekt der Veränderung zusammen. Die subversive Qualität der Kunst liegt in ihrer Kraft, die verdinglichte und fetischisierte Welt zu durchbrechen, und diesen Durchbruch zur (sinnlichen) Erfahrung zu machen. Sie setzt nichts Besseres anstelle des Bestehenden (der Begriff des Fortschritts ist auch in diesem Sinne auf die Kunst unanwendbar): Es ist das Glück und Leid, das Gute und Schlechte, Schöne und Häßliche im Bestehenden, das, von seiner Verdinglichung und Verwaltung befreit, zur Anklage und zum Versprechen wird – Versprechen, daß es anders sein kann.

Die neue Erfahrung der Wirklichkeit als zu verändernder und in ihrer qualitativen Differenz begriffener setzt die Veränderung der Organe der Erfahrung voraus. Das ist heute schon Schlagwort geworden: neue Weise der Wahrnehmung, neue Sinnlichkeit, Befreiung der Imagination als erkennenden Vermögens, Befreiung der Vernunft von der Zweckrationalität der Herrschaft und Submission: neue »Qualität des Lebens«.

Die Anfänge einer solchen organischen Veränderung sind seit dem klassischen Surrealismus und seinen unmittelbaren Vorbildern (Rimbaud, Lautreamont, Jarry, etc.) dokumentierbar. In den sechziger Jahren hat sie Ausdruck in den politischen Aktionen der Jugend, in der Rebellion minoritärer Gruppen in allen Klassen gefunden. Jetzt ist sie eingekapselt, privatisiert, defensiv, und eine verlegene linke Bureaukratie beeilt sich, sie als ohnmächtigen ästhetischen Elitismus zu verdammen. Man bevorzugt eine sichere Regression auf ein (an diesen Dingen verständlicherweise nicht sehr interessiertes) Proletariat – »a collective father figure«. Man insistiert auf der Verpflichtung der Kunst auf eine proletarische Weltanschauung, auf ihre Orientierung am »Volk«. Die revolutionäre Kunst soll auch die Sprache des Volkes sprechen.

Die großen revolutionären Dichter und Schriftsteller proklamieren:

Brecht:
»Das Volk ist der einzige Verbündete gegen die wachsende Barbarei ... Daher ist es klar, daß man sich an das Volk wenden muß, und noch notwendiger ist es, seine Sprache zu sprechen.«

Und Sartre:
»Der Intellektuelle muß seinen Platz im Volk einnehmen, das ihn erwartet.«

Aber in der Metropole des Spätkapitalismus hat das Volk Nixon gewählt, bis zuletzt den Krieg gegen Vietnam unterstützt; – es haßt alles, was »radikal« ist, und seine Sprache, seine »Weltanschauung« reflektieren diese Haltung.

Der Bruch setzt voraus, – daß diese Massen ihre Sprache und Begriffe verlernen, eine neue Sprache lernen, daß sie aufhören, die »Innerlichkeit«, »seelische Zustände« als etwas zu betrachten, von dem sie »nichts wissen wollen« (Die Seele ist keine finstere bürgerliche Erfindung).

Die praktische Arbeit politischer Aufklärung ist das Gegenteil von Popularisierung. Brecht wußte es. Er schreibt: »Politische Arbeit ist Arbeit mit dem Teil des Volkes, der Geschichte macht, der die Welt verändert – und sich selbst.«

Wie kann die Kunst die Sprache der radikal anderen Erfahrung, der qualitativen Differenz sprechen? Eine Sprache sprechen, Bilder geben, die die Tiefenschicht der menschlichen Existenz erreichen und explodieren könnten – und nicht nur die Existenz einer Klasse, sondern die aller Unterdrückten? Nur eine solche Kommunikation könnte der Klassenstruktur unter dem Monopolkapitalismus gerecht werden.

Vor allem: Es ist n i c h t eine Frage des Stils und auch nicht des »Gebiets«, d. h. ein Bereich der Kultur zu finden, der noch nicht von der bestehenden Totalität besetzt ist. So hat man z.b. das Gebiet der Pornographie, des Obszönen als das der explodierenden (oder wenigstens nicht-konformistischen) Kommunikation propagiert. Solch ein privilegiertes Gebiet gibt es nicht. Obszönität und Pornographie sind schon längst integriert worden – trotz aller Zensur; auch sie vermitteln das Bestehende, in dem sie zur Ware werden. Die zur gesellschaftlichen Triebkraft gewordene Sexualität integriert auch die »Perversionen«, und der Unterschied zwischen der avantgardistischen Erotik (Bataille etc.) und der Penny-Pornographie wird nicht mehr bewußt.

Keine Frage des Stils? In ihren materiellen Elementen, in ihren Worten und Farben und Linien ist die Sprache der Veränderung dieselbe wie die der bestehenden Totalität. Das gilt von der Hochsprache sowohl wie von der realistischen. Und selbst wo die Worte zerbrochen werden, selbst wo neue erfunden werden, ist dies der Fall – wenn nicht, ist jede Kommunikation abgebrochen.

Die Kunst ist Teil des Bestehenden; sie spricht, als Teil des Bestehenden, gegen das Bestehende – widerspricht ihm. Dieser Widerspruch ist der Kunst inhärent; er ist aufgehoben im Kunstwerk, in seiner ästhetischen Form, die noch den »neutralen« Inhalt von dem Bestehenden dissoziiert, ihm entgegenstellt. So reflektiert sich im Kunstwerk die Not und Notwendigkeit der Veränderung – reflektiert sich in der ganzen Vielheit der Formen, Stile und Sprachen.

Die Negation des Bestehenden ist in der schon klassischen Sprache Brechts ebenso zum Ausdruck gekommen wie in der schizophrenisch-konstatierenden Sprache Becketts, in der von Veränderung keine Rede ist, auch nicht vom Klassenkampf. Das Werk selbst ist die Verfremdung, in der die Subversion der Erfahrung entspringt.

Diese Subversion erschöpft sich nicht in der Erkenntnis des Unheils der Klassengesellschaft und der Notwendigkeit ihrer Veränderung. Die gesellschaftliche Bindung ist der Kunst immanent, aber auf dieser Basis öffnet sie eine andere Dimension, in der über allen Produktionsweisen und Produktionsverhältnissen die Verkettung von Glück und Unglück, Eros und Thanatos herrschend bleibt. Ist diese Verkettung durch eine noch so radikale Veränderung der Gesellschaft lösbar?

Trotzdem ist die Kunst auch Versprechen der Befreiung und des Glücks – immer wieder gebrochenes Versprechen (Adorno), weil seine Einlösung eben nicht bei der Kunst steht. Gibt es, kann es authentische Werke geben, in denen die Antigones endlich die Kreons vernichten, in denen die Bauern die Fürsten besiegen, in denen die Liebe stärker ist als der Tod – wo die Menschen frei sind? Als geschichtliche Möglichkeit wird diese Reversion der Geschichte in der Kunst allerdings sichtbar, aber ohne das Bild des eisernen Fortschritts, ohne das Vertrauen auf die Menschheit, die sich schließlich doch durchsetzen werde, ohne den Anspruch, die Antwort zu haben. Sonst wäre das Kunstwerk und sein Anspruch Lüge.

Etwas von dieser großen historischen Lüge steckt in den Werken, und in der Theorie, die die wahre zeitgemäße Kunst an der »Weltanschauung« und den Bedürfnissen des Proletariats orientieren wollen. Als Klasse, als die unter dem Monopolkapitalismus lebende Arbeiterklasse ist das Proletariat an sich nicht die Verkörperung eines qualitativ anderen »Systems der Bedürfnisse« des sozialistischen Menschen. Die Verwirklichung des Sozialismus setzt die Transformation der unter dem Monopolkapitalismus existierenden Arbeiterklasse voraus. Für diese Transformation einstehen, das heißt: der Diskrepanz zwischen der sozialistischen Weltanschauung (als qualitativer Differenz) nicht ausweichen, sondern sie bewußt machen in sinnlicher und intellektueller Erfahrung. Revolutionäre Kunst kann sehr wohl zum Volksfeind werden.

Aber die Arbeiterklasse in den hochentwickelten kapitalistischen Ländern ist eben nicht mehr das Proletariat, das nichts zu verlieren hat als seine Ketten. Diese Binsenwahrheit hat theoretische Konsequenzen. Der Marxsche Klassenbegriff ist durch die Stellung im Produktionsprozeß definiert, und gerade der kapitalistische Produktionsprozeß hat, indem er die Ausbeutung intensiviert und verallgemeinert hat, mit der Steigerung der Produktivität das gesellschaftliche Sein und das Bewußtsein der Ausgebeuteten verändert. Quantität (höheres Lebensniveau) schlägt in Qualität um (»bürgerliches« Bewußtsein, »bürgerliche« Bedürfnisse).

Konsequenz für die radikale Literatur: Anders als die Partei oder die Gewerkschaften, die die system-immanenten Bedürfnisse der Arbeiterklasse als Ausgangspunkt der Praxis nehmen können, bleibt der sich mit dem Proletariat identifizierende Schriftsteller ein Outsider – und umso mehr je eifriger er dabei diejenigen Anliegen seiner Produktion »ausklammert«, die über das gesellschaftliche Sein und Bewußtsein der Arbeiterklasse hinausgehen, ja mit ihr in Konflikt stehen. Je mehr diese Klasse in das Bestehende integriert ist, je mehr ihre Parteien und Organisationen in ihrer Strategie diese Integration berücksichtigen müssen, desto größer die Transzendenz der Kunst, ihr Konflikt mit der politischen Praxis. Die Kompromisse, die Anpassungen, die in der politischen Praxis erlaubt, ja notwendig sind, werden in der Kunst zum Verrat, zum Schlechten, zur Unkunst. Denn es gehört zum Wesen der Kunst, das Unmögliche als wirklich erscheinen zu lassen. Es ist das Verdienst des Surrealismus gerade in seiner revolutionären Periode, diesen Konflikt ausgetragen zu haben.

In dieser Erfahrung erscheint das Bild der Befreiung nur als durch die Wirklichkeit gebrochenes. Wenn die Kunst verspräche, daß am Ende das Gute siegt und das Böse untergeht, dann wäre in dieser Form das Versprechen das genaue Gegenteil der Wahrheit: In der Wirklichkeit siegt das Böse, gibt es nur Inseln des Guten, auf die man für kurze Zeit flüchten kann. Die authentischen Kunstwerke wissen das: Sie dementieren das Versprechen; sie versagen sich das Happy-End. Sie müssen es sich versagen, denn das Reich der Freiheit ist der ästhetischen Mimesis unfaßbar, unformbar. Das Happy-End ist das andere der Kunst. Wo es doch auftaucht, wie bei Shakespeare, wie in Goethes *Iphigenie*, wie im Finale des *Figaro* oder des *Falstaff*, scheint es vom Ganzen des Werks dementiert. Im *Faust* findet es nur und erst im Himmel statt, und die große Komödie kann sich von der Tragik nicht lösen, von der sie befreien sollte.

Die Mimesis bleibt Repräsentation des Wirklichen, dessen verwandelnde Repräsentation. Diese Gebundenheit widersteht der utopischen Qualität der Kunst: Unglück und Unfreiheit sind noch in der reinsten Utopie des Glücks und der Freiheit reflektiert.

Es ist nicht eigentlich die Frage des Happy-End. Entscheidend ist das Werk als Ganzes. Im Happy-End ist die Erinnerung bewahrt: die Erinnerung an die Trauer, die vorherging. Sie ist aufgehoben im

Glück, und als aufgehobene bleibt sie. Auch in der Angst vor der Zukunft. Am Beispiel Ibsens, des »bürgerlichsten« der großen Dramatiker: Die »Frau vom Meer« kehrt aus freier Entscheidung in die Ehe zurück; sie befreit sich von dem Fremden, mit dem sie das Abenteuer des Glücks genossen hat; sie will das Glück in der Familie. Aber das Stück als ganzes ist die verfremdete Totalität. Ellidas Freiheit hat ihre Grenze in der Unmöglichkeit, das Vergangene ungeschehen zu machen.

Diese Unmöglichkeit ist nicht die Schuld der Klassengesellschaft: Sie gründet in der Irreversibilität der Zeit, in der unaufhebbaren Objektivität und Gesetzlichkeit der Natur.

Die Kunst kann das Versprechen nicht einlösen, und die Wirklichkeit verspricht nichts. Dann was soll das Ganze? Wir sind wieder bei der traditionellen Kunstauffassung: Die Kunst ist Illusion, Schein – wenn auch vielleicht schöner; sie ist nicht Wirklichkeit. Gewiß, aber die »bürgerliche« Ästhetik hat den Schein immer als das Erscheinen der Wahrheit verstanden, einer der Kunst eigenen Wahrheit und damit die gegebene Wirklichkeit ihres Legitimationsanspruchs beraubt. Damit ist die Erfahrung, Erkenntnis antagonistisch gespalten, denn die Kunst hat kognitiven Gehalt, kognitive Funktion.

Die ihr eigene Wahrheit bricht mit der im Alltag und Feiertag der Realität unterdrückten, verstümmelten, gesteuerten Perzeption von Menschen und Dingen und läßt sie in neuen Formen entstehen – Entfesselung der sinnlichen und intellektuellen Erfahrung. Insofern die Kunst in dieser Funktion Schein der Wahrheit ist, ist die in der Realität verkörperte Welt unwahr, sperrt sie eine ganze Dimension von Natur und Gesellschaft. Kunst ist Transzendenz in diese Dimension.

Rückkehr zur Autonomie der Kunst? Ihre Autonomie ist selbst eine geschichtliche; auf der Basis der Klassengesellschaft transzendiert sie diese. Die Kunst ist autonom insofern sie nicht aufgeht in einer besonderen gesellschaftlichen Praxis, sondern verpflichtet bleibt dem durch keine solche Praxis aufzuhebenden Leiden, das nicht die Schuld der Klassengesellschaft ist. Der Kampf um die Minderung dieses Leidens ist nicht nur Sache des Proletariats, sondern die aller zu Bewußtsein gekommenen Menschen.

Indem die Kunst dem Fortschrittsglauben widersteht, ohne die in ihm bewahrte Sache aufzugeben, ist sie nicht nur Resignation (diese steckt in jeder großen Kunst), sondern auch Erinnerung an die dieser Sache immer wieder Geopferten, und an die immer wieder bestehende Notwendigkeit, es besser zu machen. Die Kunst »übersetzt« diese Notwendigkeit aus der (abstrakten) Sphäre des Begriffs in die (konkrete) der sinnlichen Erfahrung: Versinnlichung des Begriffs, Einbruch von Eros und Thanatos in die Alltagswelt. In dieser Versinnlichung gründet die Allgemeingültigkeit der Kunst – und deren Grenze. Allgemeingültigkeit, insofern die Erfahrung von Eros und Thanatos die eines jeden ist; Grenze, insofern die Weise dieser Erfahrung durch die Klassensituation, durch die jeweils bestehende Gesellschaft mitbestimmt ist.

Kunst ist verbindlicher Ausdruck dieses Bewußtseins: Resignation und Schein der Freiheit in der Erinnerung. Nicht mehr als dies: Die Rettung ist ihr verwehrt: Sie könnte sie nur ex post feiern – wie die Tragödie des Aeschylos die Versöhnung der alten Gottheiten mit der Polis. Und sie bewahrt die Anklage, die, durch die Klassenverhältnisse »datiert« und gebrochen, über die Klassenverhältnisse hinauszielt – auf das, was man immer noch »die Utopie« nennt. Sie ist wesentlich negativ, weil sie die unversöhnte Wirklichkeit in sich aufnehmen muß; sie ist positiv, insofern sie diese Wirklichkeit anklagend transzendiert.

Wie ist es aber der Kunst möglich, die Transzendenz in der Wirklichkeit erscheinen zu lassen, d. h., die Negation des Bestehenden in der Mimesis des Bestehenden? Wodurch wird die Wirklichkeit in ihrer Erscheinung (im œuvre) so verwandelt, daß sie sich in ihren Protagonisten selbst anklagt, selbst als zu verändernde präsentiert?

Nicht dadurch, daß sie unmittelbar politisch wird (s. oben). Auch nicht dadurch, daß sie, unmittelbar »zeitgemäß«, das Bestehende in Wort und Bild (kritisch-realistisch) vorstellt. Es ist auch nicht eine Frage des »Plots«, des Schauplatzes: Die Wirklichkeit kann, in ihrer Gegenwart, durch das klassische Athen, die mittelalterlichen Fürsten- und Bauernhöfe, und die Welt des Schwarzen Humors ebenso sichtbar (und transzendiert) werden, wie durch die Welt der bürgerlichen Familie oder der Slums der modernen Großstädte. Die Wirklicheit des œuvre kann China sein oder San Domingo oder Amerika – unter der Bedingung, daß die Wirklichkeit stilisiert ist. Das heißt: Die Sprache der Kunst ist anders als die des Alltags, ihr Bild anders als das seine. Und eben diese Differenz ermöglicht die Subversion der Erfahrung, die den Alltag im Lichte der Wahrheit erscheinen läßt, Erkenntnis vermittelt, das Gegebene transzendiert.

Aber Träger der Transzendenz ist nicht der einzelne Satz, nicht seine Worte und nicht seine syntaktische Struktur. Träger der transzendierenden Qualität ist erst und nur das Ganze, dessen Bausteine sie sind. Ihr anderer Sinn, ihre andere Funktion kommt ihnen nur am Ganzen. Dann aber ist die Frage: Welches ist die sinn- und funktiongebende Qualität des Ganzen? Und was ist das im œuvre repräsentierte Ganze?

Zunächst: die Welt des Kunstwerks ist stilisierte Realität. Nur eine stilisierte Sprache kann die in der unmittelbaren Erfahrung des Alltags von der Gesellschaft blockierten und verdrängten Dimensionen der Realität freilegen. Die ästhetische Transformation läßt erscheinen, was in der Alltagswelt »nur« als Kunst, Poesie, Theater, d. h. Fiktion erlebt wird, in Wahrheit aber Schein der Wirklichkeit ist. Gegen den Pseudo-Realismus:

In dem Verzicht auf die verwandelnde Stilisierung liegt die Falschheit jener pseudo-avantgardistischen Kunst, die nur in der Zerschlagung der ästhetischen Form ihre Substanz hat. Sie mag getreu genug die Gesellschaft widerspiegeln, in der die Subjekte und Objekte zerschlagen, atomisiert, der Worte und Formen beraubt werden. Aber mit dem Verzicht auf die ästhetische Transformation werden diese Werke zu Fetzen und Fragmenten eben jener Wirklichkeit, deren Anti-Kunst sie sein wollen. So ist es ihnen verwehrt, das destruierende Ganze in den Blick zu bekommen: Sie werden zu abstrakten Kunststücken.

Das Kunstwerk formt eine Welt (oder den Teil einer Welt, deren Ganzes in dem œuvre sichtbar, hörbar, fühlbar wird). Sie ist nicht und niemals die gegebene Alltagswelt; sie ist aber auch keine Phantasiewelt, Illusion, etc. Sie ist »wirklich«, insofern als sie nichts enthält, das nicht in der gegebenen Wirklichkeit existiert: als das Tun, Denken, Fühlen, Träumen der Menschen, als die Möglichkeiten der Menschen und der Dinge. Die Welt des œuvre ist in der Tat »unwirklich« im Alltagssinn: Es ist eine erzählte Wirklichkeit – aber sie ist unwirklich nicht, weil sie weniger, sondern weil sie mehr und qualitativ anders ist als die gegebene. Als erzählte Welt, als »Schein«, ist sie wahrer als die Alltagswelt: In ihr tun und denken und fühlen die Menschen, was sie

»normalerweise« unterdrücken, leugnen, verheimlichen, zerstören, und was sie doch erst zu dem macht, was sie sind. Und in dieser Scheinwelt erscheinen auch die Dinge erst als das, was sie sind und sein könnten. Kraft dieser Wahrheit (deren sinnliche Repräsentation der Kunst allein eigen ist) wird die Welt verkehrt: Es ist die gegebene Wirklichkeit, die Alltagswelt, die nun als unwahr erscheint: als falsche fragmentierte Wirklichkeit.

Dieses Verhältnis zwischen Kunst und Wirklichkeit ist im klassischen Surrealismus radikal in den Dienst der Veränderung der Welt gestellt worden: Der Alltag in seiner Wirklichkeit ist das Gespenstische – eine Phantasmagorie des Grauens, der Verstümmelung, der Langeweile, des Mordens, der Lebenszerstörung, der Krankheit zum Tode. Dieser Wirklichkeit gegenüber ist jede Waffe recht: Ihr gegenüber ist nichts irrational als das Akzeptieren ihrer Irrationalität.

Aber die der Welt gerechte Waffe liegt nicht im Arsenal, im Machtbereich der Kunst: Es ist die Waffe der Straße, der Organisation, des Umsturzes. Der Surrealismus wußte es: Der Versuch, die Revolution zu machen, ohne die Transzendenz der Kunst aufzugeben, mußte scheitern (s. oben). Die revolutionäre Veränderung der Welt und die Veränderung der Welt in der Kunst koinzidieren nicht – sie bleiben antagonistisch.

Hybris des Geistes: Die von der Kunst geschaffene Wirklichkeit kann nicht in die Wirklichkeit übersetzt werden. Sie bleibt eine »fiktive« Welt, die Wirklichkeit immer nur antizipieren und verstehen kann. So korrigiert sie ihre Idealität: Das in ihr als zu Verwirklichendes Dargestellte soll und darf nicht Ideal bleiben (der verborgene kategorische Imperativ der Kunst!), aber seine Realisierung liegt außerhalb der Kunst. Die »reine Menschlichkeit« der Iphigenie wird zwar in der Abschiedsszene des Stücks verwirklicht – aber auch nur da: im Stück selbst. Sinnlos, daraus zu schließen, daß wir mehr Iphigenien brauchen, die das Evangelium der reinen Menschlichkeit predigen, und mehr Könige, die es akzeptieren. Auch wissen wir schon lange, daß reine Menschlichkeit durchaus nicht alle menschlichen Gebrechen oder Verbrechen sühnt, sondern eher deren Opfer wird. So bleibt sie Ideal: Die Bedingungen für seine Realisierung entstehen im politischen Kampf gegen die gegebene Wirklichkeit. Das Ideal geht in diesen Kampf ein nur als Endziel: Es bleibt transzendent. Aber mit dem Fortschritt des politischen Kampfes ändert sich das Bild des Ideals selbst: »reine Menschlichkeit« (wenn sie heute überhaupt noch Ideal sein kann) wäre vielleicht vorstellbar in der taubstummen Tochter der Mutter Courage, die von der Soldateska erschossen wird ...

Stilisierung der Realität ist die Qualität des œuvre als Ganzem. Sie steht unter dem Gesetz der ästhetischen Form, und diese unter dem Gesetz des Schönen.

Die marxistische Ästhetik neigt dazu, die Idee des Schönen als Kategorie »bürgerlicher« Ästhetik abzulehnen. In der Tat ist es schwer, die Idee einer revolutionären Kunst mit der der Schönheit zusammenzubringen: Es scheint unmenschlich, verlogen, im Grauen der Realität und angesichts der Notwendigkeiten des Kampfes auch nur vom Schönen zu sprechen. Es gehört zu jenen Worten (wie Glück, Liebe...), die man heute nur mit einer gewissen Verschämtheit, schlechtem Gewissen (wenn überhaupt) ausspricht – obwohl man auch (und gerade) auf der Linken dem, was diese Worte meinen, verpflichtet bleiben will. Die Verpflichtung bezeugt den politischen Stellenwert dieser Worte – bei Anullierung ihres »bürgerlichen« Inhalts.

Worin liegt der politische Stellenwert des Schönen?

Seine Definition ist unabwendbar intellektualistisch, abstrakt, leer: Sie kann nicht das Sinnliche, Sensitive des Schönen erfassen – das Moment des Subjektiven, Triebhaften am Schönen. Und auch nicht seine bannende Kraft: den Augenblick des Stillstellens, Formgebens, der den Schrecken bricht, anhält, und als zu überwindenden aufhebt. In dieser Transfiguration des Grauens liegt sein affirmativer Charakter: Die unheilbare Wunde der Kunst, die immer wieder nach Heilung schreit.

So ist noch die Kerkerszene des *Faust* schön, wie der hellsichtige Wahnsinn in Büchners *Lenz*, die Teichszene im *Woyzeck*, Strindbergs *Der Vater*, Becketts *Endspiel*. Auf welche Weise vollbringt das Schöne diese Transfiguration des Grauens?

Die Idee des Schönen ist die Einheit von Sublimierung und Entsublimierung in der Kunst.

Entsublimierung:

– Das Schöne ist Objekt libidinöser Kathexis; es ist primär Bereich des Eros. In seinem Bann unterwerfen sich die Individuen ihrer

Leidenschaft, ihrer Begierde; sie vergessen sich als Bürger, als Herrscher, als Atom der Masse. Aber: Die Begierde wird nicht befriedigt, oder, falls befriedigt, bringt das Unglück.

Sublimierung:
- Im œuvre wird das Schöne zur Form des Werkes: aesthetische Form, aesthetischer Genuß.
 Und in dieser Form sagt die Kunst ihr Nein zum Bestehenden. Die Sublimierung wird zur Anklage; in ihr liegt das radikale Element der Kunst.

Indem das primäre Objekt der Libido sich versagt oder versagt wird, wird die Gesellschaft, in der dies geschieht, an den Pranger gestellt.
- wenn Werther mit Lotte geschlafen hätte,
- wenn Gretchen nicht dem Tabu der Jungfräulichkeit geopfert worden wäre,
- wenn Madame Bovary einen anderen zufriedenstellenden Liebhaber gefunden hätte,

dann hätte diese Literatur die Welt absolviert, wäre sie affirmative Ideologie.

Die Sublimierung wird zur Schranke der Entsublimierung: Diese vollzieht sich im Rahmen der sublimierten Welt. Nur gesellschaftliche Schranke? Erst die Schranke gibt der Entsublimierung ihre Kraft (die Kraft des Negativen, der Rebellion): Die ihre gesellschaftlichen Fesseln abwerfenden Menschen bewahren die Transzendenz der Libido zum Eros und zu seiner Verkettung an den Tod. (*To paraphrase Hegel:*) Wenn die Individuen ihre Begierde befriedigen, ist die Stunde ihrer Erfüllung die Stunde ihres Todes.

Die ästhetische Form, das Kunstwerk als Element der ästhetischen Welt verwandelt das Gegenwärtige in Vergangenes.

Das Zeitbewußtsein, das im œuvre herrscht, ist nicht das des Konsumenten: Das lesende, sehende, hörende Subjekt ist das des natürlichen, alltäglichen Zeitbewußtseins. Für dieses Bewußtsein ist, was im œuvre vorgestellt ist, geschieht, immer schon geschehen – auch die durchscheinende Zukunft. In diesem Sinne (und nur in diesem) ist das Kunstwerk ohne Gegenwart; gegenwärtig ist nur das rezipierende Subjekt.

Wenn die Kunst ausspricht, daß alles Glück, alle Ruhe eigentlich schon vergangen ist, spricht sie die Wahrheit, wie nur die Kunst sie sprechen kann. Aber sie spricht auch aus, daß das Leiden, die Untaten und Unmenschen schon geschehen, vergangen sind. Sie wäre Lüge, wenn sie dieses Geschehen als unwiederkehrbar, als endgültig vorbei darstellte: Sie läßt den Horizont des Leidens offen; sie bietet keinen Trost. Aber sie hat erkannt was ist und sein kann, innerhalb und jenseits der gesellschaftlichen Schranke, und sie hat diese Erkenntnis aus der Sphäre des reinen Begriffs in die der reinen Sinnlichkeit gerettet: Diese wird zum Prinzip der ästhetischen Organisation. Erkenntnis ist aufgehoben im individuellen Erlebnis, und Erlebnis aufgehoben in Form, wodurch erst das Einzelne, Besondere zum Allgemeinen wird – das Werk als Totalität.

So stiftet die Kunst ihre eigene Welt-Ordnung, die doch der bestehenden verhaftet bleibt. Das Schöne ist (wie Lukács verstanden hat) in der Geschlossenheit der Form: Stillstellung, Bewältigung, die noch den alltäglichen Worten, Sätzen, Tönen, Bildern, die den Ereignissen einen die Alltagswelt erhellenden, und übersteigenden Sinn gibt – die Verheißung, daß es anders sein kann und soll. Und diese Verheißung ist nicht von außen herangetragen: Sie erscheint im œuvre selbst, in dem Tun und Lassen, Sprechen und Schweigen, Träumen und Fluchen der Menschen, in der Hilfe und dem Widerstand der Dinge, der Natur. In diesem Sinn ist die große Kunst immer konkret, Mimesis der Realität, Entfremdung, die doch der vertrauten Wirklichkeit verbunden bleibt. Die abstrakte Kunst, welche nicht diese realitätsgetreue Mimesis bewahrt, ist nur Dekoration.

Im Schönen verschwindet der Begriff nicht: Er (die Ratio) ist entsublimiert. In der verwandelnden Mimesis erscheinen die Menschen gehemmter und enthemmter als unter der alltäglichen Repression, aber auch bewußter, reflektierter, offener und verschlossener, liebenswerter und hassenswerter; und die Dinge sind transparenter, eigenständiger, mächtiger. (*Counterrevolution and Revolt*, Kap. 3) In der Klassenlage, durch die Klassenlage hindurch, konstituieren sich Mensch und Natur wie sie nicht in der Klassenlage aufgehen: als konkrete, sinnliche Totalität.

Sie ist durchherrscht von der Allgemeinheit des Todes. Im Widerspruch zur Philosophie verschmäht es die Kunst, den Tod in den Begriff der Endlichkeit des Daseins zu sublimieren. Ihr ist der Tod ständiger Zufall, ständige Gegenwart – auch in den Augenblicken des Glücks, der Beschäftigung, der Tat. Alles Leiden wird in ihr Krankheit zum Tode – auch wo es heilbar ist. »La Mort des Pauvres« mag eine Erlösung sein; die Armut kann und muß abgeschafft werden: Der Tod bleibt die der Gesellschaft inhärente Negation. Er steht für alle Möglichkeiten, die nicht realisiert wurden, für alles, was gesagt werden konnte und nicht gesagt wurde, für jede Gebärde, jede Zärtlichkeit, die ausblieb. Aber auch für jede Toleranz, die dem Untolerierbaren gewährt wurde – gesellschaftliche Erschwerung des Leidens.

In der Tragik der großen Kunst ist das Caveat zu dem Satz von der Veränderung der Welt. Die Vergangenheit kann nicht verändert werden, das Versäumte nicht nachgeholt werden. Geschichte ist Schuld, aber keine Entsühnung.

Eros und Thanatos sind nicht nur Gegner, sondern auch Liebende. Aggression und Destruktion mögen mehr und mehr in den Dienst des Eros treten; aber Eros selbst wirkt unter dem Zeichen des Leidens, der Vergangenheit. Die Ewigkeit der Lust geschieht durch den Tod der Individuen. Und vielleicht dauert die Ewigkeit nicht sehr lange. Die Welt ist nicht für den Menschen gemacht, und sie ist nicht menschlicher geworden. Indem die Kunst diese Wahrheit festhält, indem sie mit dem Versprechen des Glücks auch diese Erinnerung bewahrt, kann sie als »regulative Idee« in den verzweifelten Kampf für die Veränderung der Welt eingehen. Die Kunst würde dann dem Fetischismus der Produktivkräfte, der schlechten Technokratie und dem schlechten Materialismus entgegentreten – im Namen jenes »moral sentiment«, ohne das Solidarität unmöglich ist. Es verbietet Grausamkeit, Brutalität und Ausbeutung, ohne zu vergessen, daß der Kampf dagegen selbst noch die Gewalt erfordert.

Aber das in der Kunst erscheinende radikale Potential ist mehr als dies »moral sentiment«: Es ist eine Umwertung der Werte, eine Umstellung der Blickrichtung und Erfahrung, die der Kunst ihre immanente politische Bedeutung gibt. Die Kunst »abstrahiert« in der Tat in befremdendem und schockierendem Maße von den gesellschaftlichen Bedingtheiten, von den Klassen – und nicht nur die bürgerliche Kunst! Selbst im Theater Bert Brechts und Jean Genets bleiben die Protagonisten Individuen, die mehr und anderes sind als die Repräsentanten von Klassen und Massen – mehr und anders, insofern sie in ihrer Sprache, ihrem Tun und Leiden eine das Klassenschicksal übersteigende Welt erfahren. Die Klassenbedingtheit ist nicht der Fokus in diesen Stücken. Wo sie sich bewußt von politischer Propaganda unterscheiden (obwohl sie diese in sich aufnehmen), wo sie sich unter das Gesetz der ästhetischen Form stellen, zeugen sie von der das Klassenschicksal transzendierenden Dimension der menschlichen Existenz, die auch der instrumentellen Vernunft der Revolution gegenüber ihr Recht geltend macht.

Als Illustration für die bürgerliche Literatur können gerade Werke dienen, in denen die gesellschaftliche Bedingtheit so stark hervortritt, daß sie beinahe alles »erklärt«. Das Theater Racines ist offensichtlich das der absoluten Monarchie, ihrer »raison d'état«, ihrer Hierarchie. Aber worum es geht, was da mit und zwischen den Menschen geschieht, bricht den institutionellen Rahmen und läßt durch die spezifische gesellschaftliche Bedingtheit hindurch das individuell Allgemeine erscheinen: Eros gegen die instrumentelle Vernunft. In Ibsens Theater ist das Bürgerliche und Kleinbürgerliche dominant, aber die Bürgerlichkeit zerbricht – nicht vor dem Ansturm des Proletariats, sondern vor dem Einbruch ihrer eigenen Erfahrung des Glücks, der Leidenschaft des Todes.

In dieser Verwandlung erfolgt die für die Kunst charakteristische Entsublimierung, auf die ich bereits hingewiesen habe. Menschen (und Dinge) brechen die repressive Konvention, die Regeln und Normen, die ihr Dasein als gesellschaftlich-bedingtes bestimmen; und kommen zu sich selbst. Sicher bleibt auch in dieser Negation ihr Selbst noch der Gesellschaft verhaftet, doch bleiben noch im Untergang und in der Resignation die Momente der unkontrollierten Leidenschaft, des Glücks, des Schönen, die Momente der Befreiung gegenwärtig.

Die Frage ist, ob die in den vorhergehenden Abschnitten angedeutete Bestimmung des Verhältnisses von Kunst und Gesellschaft nicht nur auf einige repräsentative Werke der bürgerlichen (und vor-bürgerlichen) Literatur anwendbar ist. Widerspruch in der Affirmation, Transzendenz, die Idee des Schönen (der ästhetischen Form selbst) – es gibt wohl kaum eine radikale Literatur der gegenwärtigen Epoche, auf die diese Begriffe anwendbar wären.

Zunächst zur Frage der Auswahl der Werke, an denen die Diskussion orientiert war.

Der Vorwurf einer »self-validating proposition« scheint berechtigt: Die Kunstwerke, die die von mir betonten Qualitäten aufweisen, werden als »authentisch« oder »große Kunst« angesprochen. Zur Verteidigung zwei Argumente:
- Die sich in der langen Geschichte der Kunst trotz aller Veränderung durchhaltende Wertung, eine Wertung, die sich z. B. in der Unterscheidung von »serious« und »popular« Kunst, von Oper und Operette, Komödie und Lustspiel ausdrückt.
- Darüber hinaus, und diese Unterscheidung fundierend, lassen sich objektive Kriterien aufweisen, die es ermöglichen, von »gut« und »schlecht« zu sprechen – selbst innerhalb des Bereiches authentischer und großer Kunst (so die qualitative Differenz zwischen der Kammermusik und den Symphonien Beethovens und Schuberts; zwischen Goethes *Egmont* und *Bürgergeneral*; zwischen dem Realismus des neunzehnten Jahrhunderts und dem »Sowjetrealismus«).

Aber selbst abgesehen von der »Auswahl«, sind die in der Diskussion hervorgehobenen Qualitäten der Kunst und ihrer Beziehung zur Gesellschaft auf die gegenwärtige revolutionäre Kunst überhaupt zutreffend? Gibt es hier, als wesentliche Qualitäten, Entsublimierung durch Sublimierung, ästhetische Form (das Schöne) als Gesetz der Organisation des œuvre, Transzendenz?

Die Entsublimierung ist offenbar: in der Sprache, im Bild, im Stoff. Aber wo sie nicht Element und Stufe der Sublimierung durch die (ästhetische) Form ist, ist sie konformistisch eher als revolutionär. Entsublimierung per se ist zu einem hohen Grade Reduktion von Eros auf Sexualität. In diesem Sinne folgt sie der gesellschaftlichen Konvention anstatt ihr entgegenzustehen. Liberalisierung der Sexualmoral innerhalb des Rahmens der bestehenden Verhältnisse gehört zu den charakteristischen Erscheinungen des Spätkapitalismus: Lenins und Maos Puritanismus ist ein gutes Barometer. Die große Kunst befreit nicht die Sexualität (dazu ist sie nicht notwendig), sondern den Eros; am Versagen, an der Grenze dieser Befreiung gehen die Menschen zu Grunde. In der sexualisierten Literatur gehen sie nicht zu Grunde – they only get into trouble.

Entsublimierung der Sprache: Ich habe schon anfangs auf die ihren Zweck verfehlende »Popularisierung« der Hochsprache zur

»Sprache des Volkes« hingewiesen; sie schneidet die Transzendenz ab, die erst den radikalen Widerspruch zum Bestehenden erscheinen läßt, seine Tiefe und sein Versprechen. Brechts Ablehnung der unmittelbaren Popularisierung: Seine offenbarende Einfachheit und Klarheit sind verfremdend, Resultat einer Sublimierung, die das Werk in eine andere Dimension der Realität stellt, in der die Veränderung der Welt thematisch konkret wird.

Der Kampf der radikalen Avantgarde gegen die ästhetische Form: Die ästhetischen Formen der traditionellen Kunst sind überholt nur in dem Sinne, daß sie nicht wiederholt werden können; die in ihnen enthaltene Erkenntnis, ihre Wahrheit bleibt wahr. Sie bedürfen für ihre Vermittlung der Stilisierung, der verwandelnden Mimesis. Ohne diese keine Subversion der Erfahrung, sondern nur Aussprechen dessen was die Angesprochenen schon wissen oder fühlen. Die Unwiederholbarkeit bestimmter ästhetischer Formen zeigt an, daß die gesellschaftliche Bedingtheit der Kunst diese Formen der Transzendenz überwältigt hat. Die Frage ist nicht, ob die Kunst, oder welche Kunst dem globalen Schrecken der faschistischen und neofaschistischen Periode standhalten kann. Keine kann es, wenn mit »standhalten« gemeint ist: das Leiden der Opfer verstehen, erleichtern, Hoffnung zu geben. Jede kann es, die das Grauen der Wirklichkeit im Schein seiner notwendigen Überwindung sehen läßt.

Vielleicht ist das Grauen heute schon so total, daß dieser Schein der Befreiung nur noch in einem Augenblick, einer Geste, einem Wort oder einem Verstummen gegenwärtig werden kann (die Tonhöhe des Wortes »Glück« im letzten *Lied von der Erde*; das Ausklingen von Bergs *Wozzeck*; das Fenster in Becketts *Endgame*; der sich aus dem Fenster beugende Mensch in der letzten Szene von Kafkas *Prozeß*: »wie ein Licht aufzuckt« ...). Mehr als diesen Schein kann die Kunst nicht geben, ohne in die schlechte Utpoie oder in schlechte Propaganda zu verfallen.

In dieser Selbstbegrenzung wird die Kunst der Realität gerechter als die der verändernden Praxis gewidmeten Werke. Sie zeugt dafür, daß der Revolution nicht nur die brutale Gewalt des Herrschaftsapparats und die Macht seiner Institutionen entgegenstehen, sondern auch die Menschen, die dieser Apparat durch Generationen geformt hat: die Opfer, die Ausgebeuteten aller Klassen. Unter den gegebenen Bedingungen perpetuiert ihre Praxis das Bestehende und isoliert die

»Extremisten« und »Chaoten«; selbst die Revolution wäre, unter diesen Bedingungen, noch nicht der Bruch, die Befreiung. Diese käme erst, wenn die Menschen in Solidarität ihr Leben bestimmten, wenn die Notwendigkeit nicht mehr Unterdrückung wäre, wenn Freiheit und Glück zusammengingen. Die Weite und Größe dieses Ziels sind in der Kunst reflektiert: Die das Ganze der gesellschaftlichen Wirklichkeit durchherrschende Unwahrheit versagt es der Kunst, sich in die Praxis der Veränderung einzuordnen; die Abschaffung der Totalität des Bestehenden kann im Werk nur als das kurze Aufleuchten des Anders-sein-können erscheinen.

Die große Kunst ist der Protest gegen die Macht des Vergangenen über das Gegenwärtige, über die Möglichkeit einer besseren Zukunft, über das Versagen des Glücks. Wenn die verwalteten Menschen selbst das Gewesene repoduzieren, wenn sie (sehr rational!) dem Bruch mit dem Ganzen ausweichen, dann erscheint die revolutionäre Theorie in ihrem Kern abstrakt, und die ihr verpflichtete Praxis, wo sie nicht der bürokratisch-autoritären Steuerung verfällt, ist isoliert.

In dieser Situation wird die Affinität (und Gegensätzlichkeit!) zwischen Kunst und revolutionärer Theorie und Praxis in überraschender Weise deutlich. In beiden ist eine Welt visiert, die, aus den gegebenen gesellschaftlichen Verhältnissen hervorgehend, die Menschen von diesen Verhältnissen, dieser Wirklichkeit befreit, sie zu Menschen macht. Die Vision bleibt der Praxis zukünftig. Die Theorie von der Fortsetzung des Klassenkampfes in der sozialistischen Gesellschaft drückt diesen Sachverhalt aus – in unzureichender Form. Die permanente Veränderung der Gesellschaft unter dem Prinzip Freiheit ist notwendig nicht nur wegen der fortbestehenden Klasseninteressen. Die Institutionen der sozialistischen Gesellschaft beseitigen selbst in ihrer demokratischsten Form nicht den Konflikt zwischen dem Allgemeinen und Besonderen, zwischen dem Glück der Individuen und der Gesamtheit, zwischen Mensch und Natur; sie befreien nicht Eros von der Herrschaft des Todes. Das ist die Grenze, die die Revolution weitertreibt über den je erreichten Stand der Freiheit hinaus.

Die Autonomie der Kunst reflektiert die Unfreiheit der Individuen in der unfreien Gesellschaft. Wären die Menschen frei, dann wäre die Kunst Ausdruck und Form ihrer Freiheit. Die Kunst bleibt der wirklichen Unfreiheit verhaftet, in ihr hat sie ihre Autonomie: Der

Nomos, dem sie gehorcht, ist nicht der des bestehenden Realitätsprinzips sondern seiner Verwandlungen – bis zu seiner Negation. Aber die bloße Negation wäre abstrakt, die schlechte Utopie. Die Utopie, die in der großen Kunst zur Erscheinung kommt, ist niemals die bloße Negation des Realitätsprinzips, sondern seine Aufhebung, in der noch sein Schatten auf das Glück fällt. Die echte Utopie ist auch Erinnerung.

»Alle Verdinglichung ist ein Vergessen« (Horkheimer-Adorno, *Dialektik der Aufklärung*, Amsterdam, Querido Verlag, 1947, S. 274). Die Kunst kämpft gegen die Verdinglichung, indem sie die versteinerten Menschen und Dinge zum Sprechen bringt – zum Singen, vielleicht auch zum Tanzen. Das Vergessen vergangenen Leids und vergangenen Glücks erleichtert das Leben unter dem repressiven Realitätsprinzip – die Erinnerung will das Vergehen des Leids und die Ewigkeit der Lust – gegen das Realitätsprinzip. Ihr Wille ist ohnmächtig: Das Glück selbst ist an Leid gebunden. Aber wenn die Erinnerung in dem Kampf für die Veränderung aufbewahrt ist, wird auch um eine noch immer in den Revolutionen unterdrückte Revolution gekämpft.

Diese permanente Revolution will nicht die immer verbesserte Produktivität, die immer stärkere Überwindung von Widerstand, die immer effektivere Ausbeutung der Natur. Diese Revolution will die Stillstellung des Willens zur Macht, die Befriedung im Genuß des Daseienden, die schöpferische Arbeit, die Schönheit als Lebenswelt. (Ist diese Stillstellung vielleicht die Versöhnung von Eros und Thanatos, in der das gelebte Leben noch den Tod in sich hineinnimmt – Selbstbestimmung des Endes?) Und in dem Grade, in dem diese Dimension der Revolution in den Horizont des Kampfes für die radikale Veränderung tritt (als Horizont des technischen Fortschritts), ist die Verankerung der neuen Revolution in der Triebstruktur der Individuen zur geschichtlichen Möglichkeit geworden: Eros als politische Kraft in dem Sprung von der quantitativen zur qualitativen Veränderung.

Wenn diese Konstellation eintritt, wäre die bisherige Spannung zwischen Kunst und Revolution aufs äußerste reduziert …

Notizen zu Proust

Im Gesamtwerk Marcuses spielt der Begriff der Erinnerung eine nicht unbedeutende Rolle. Darauf hat Martin Jay in seinem Buch *Marxism and Totality: The adventures of a concept from Lukács to Habermas* (1985) hingewiesen.[1] (Es war Walter Benjamin, der die Begriffe »Erinnerung« und »Vergessen« als zentrale Kategorien in die Kritische Theorie einführte.) Marcuse, aber viel stärker noch Adorno, wurden von Benjamins Überlegungen beeinflußt. Zahlreiche Stellen in Adornos und Horkheimers *Dialektik der Aufklärung* zeugen davon. Einen der Schlüsselsätze dieses Werkes erwähnte Adorno in einem Brief an Benjamin: »Wäre es aber nicht die Aufgabe, den ganzen Gegensatz von Erlebnis und Erfahrung an eine dialektische Theorie des Vergessens anzuschließen? Man könnte auch sagen: an eine Theorie der Verdinglichung. Denn alle Verdinglichung ist Vergessen« (Brief Adornos an Benjamin vom 29. Februar 1940). Adorno bezieht sich mit dieser Frage auf Benjamins Beitrag »Über einige Motive von Baudelaire«, der 1939 in der *Zeitschrift für Sozialforschung* veröffentlicht wurde. Benjamin hatte seine Thesen zu Erinnerung und Vergessen in der Auseinandersetzung mit Marcel Prousts *A la recherche du temps perdu* entwickelt. Davon beeinflußt sind auch Marcuses Reflexionen zu den Begriffen »Erinnerung« und »Vergessen«. Auch wenn es bisher keine eindeutigen Hinweise darauf gab, daß Marcuse, vermittelt über Benjamin, sich mit Prousts Werk auseinandergesetzt hat, so finden sich dennoch zahlreiche Textstellen bei Marcuse, die darauf schließen lassen. In *Die Permanenz der Kunst* (1977) heißt es mit Bezug auf eine der Kernaussagen aus der *Dialektik der Aufklärung*: »Alle Verdinglichung ist Vergessen. Die Kunst kämpft gegen die Verdinglichung, indem sie die versteinerte Welt zum Sprechen bringt – zum Singen, vielleicht auch zum Tanzen. Das Vergessen vergangenen Leids und vergangenen Glücks erleichtert das Leben unter dem repressiven Realitätsprinzip; die Erinnerung will das Vergehen des Leids und die Ewigkeit der Lust – gegen das Realitätsprinzip.«[2]

Die hier erstmals veröffentlichten »Notizen zu Proust« (HMA 200.00) zeigen nun, daß sich der späte Marcuse eingehend mit einigen zentralen Kategorien im Werk Prousts auseinandergesetzt hat. Das handschriftliche Skript – es umfaßt acht Seiten – ist sorgfältig und ohne jede Streichung auf deutsch verfaßt. Wann es genau geschrieben wurde, ist nicht ersichtlich.

Das verwendete Papier, die intensive Beschäftigung mit ästhetischen Fragen während der siebziger Jahre und Marcuses vorbereitende Bemerkungen zur *Permanenz der Kunst* lassen eine Entstehung in dieser Zeit vermuten. Auch die Tatsache, daß Marcuse erst in den letzten Jahren seines Lebens wieder verstärkt in deutscher Sprache schrieb, spricht für diese Vermutung.

1 Vgl. Martin Jay: »Die befreiende Kraft der Erinnerung«, in: P.-E. Jansen (Hg.) *Befreiung Denken – ein politischer Imperativ*, 2. Auflage, Offenbach 1990
2 Herbert Marcuse: *Die Permanenz der Kunst. Wider eine bestimmte marxistische Ästhetik / Ein Essay*, München 1977, S. 77

In dem zwiespältigen Verhältnis der Liebe zur Welt gründet es, daß die Zeit die einzige immanente Gefahr ist, die ihre Macht über die Liebe behält. Sie heilt, wie sie immer wieder krank macht, und eben die Heilung ist das gefürchtete Ende. So gehört trotz aller Durchbrüche aus der Normalität die Liebe zur Temps perdu: Sie verfällt dem dieser Welt geltenden Verdammungsurteil. Aber der furchtbare Satz über die »paradis perdus«, welche die einzig wahren Paradiese sind, rächt sie und zugleich die verlorene Zeit. Die verlorenen Paradiese sind nicht deswegen die wahren, weil in der Erinnerung die vergangene Lust größer und ungetrübter erscheint als sie in Wirklichkeit war. Aber die Erinnerung nimmt dieser Lust die Angst vor ihrem Aufhören und gibt ihr eine sonst unmögliche Dauer. Über das schon Verlorene hat die Zeit keine Macht mehr, und die Erinnerung selbst hebt es aus dem Nicht-Seienden zum Sein. Damit wird die Temps perdu mit der Temps retrouvé verbunden. In ihr erscheint sie wieder, in ihrer wahren Gestalt, gelöst aus der Normalität. Die Kunst, welche die Zeit wiederfindet, hat auch die Liebe als ihren Inhalt. Sie lebt nur von der verlorenen Zeit.

Entscheidend wird das Verhältnis der Liebe zur Zeit. In ihrem Anspruch auf Dauer kämpft die Liebe zunächst gegen die Zeit: gegen die Vergänglichkeit, gegen die alltägliche Normalisierung. Sie will eine ununterbrochene Reihe von Augenblicken. – Andererseits kann sich die Liebe nur in der Zeit erfüllen. Nicht bloß so, daß sie wie jedes Geschehen in zeitlicher Erstreckung sich vollzieht. Die Zeit wird in einem strikten Sinne für die Liebe konstitutiv, indem die Bedrohung durch die Zeit, die Angst vor dem Verlust, dem Aufhören und Stillstellen selbst zur Lustquelle wird, welche die Liebe immer wieder speist und weitertreibt. Auch hier würde die garantierte Sicherheit des Besitzes die Liebe absterben lassen. Denn ihre Unbedingtheit steht in der Klassengesellschaft notwendig gegen das System der Normalität und alle es erhaltenden und verfestigenden Institutionen. Die Angst vor der Zeit ist ein Siegel ihrer Wahrheit, da die Zeit für das Bestehende arbeitet. Nur außerhalb des Bestehenden kann die Liebe ihre Unbedingtheit bewahren, und dieses Außerhalb ist wieder nur als ein Augenblick möglich. Die Lustbetontheit der Zeit ist so stark, daß die Geliebte selbst einmal als die große »Déesse du Temps« erscheint, in deren Bilde Liebe und Zeit zusammenfallen.

Die Temps perdu ist verloren in einem zweifachen Sinne: als vergangene und als verspielte Zeit. Als vergangene kann sie Verlust nur sein durch das Glück, das sie in sich enthielt und das ihre Wiederfindung wünschenswert macht. Es ist ein Glück, das immer nur in den Augenblicken besteht, ja das am stärksten in gleich verschwindenden Lustmomenten aufbricht. Das Unglück überwiegt dauernd, – aber es ist eine der Erkenntnisse der Temps perdu, daß das Unglück erst das Glück möglich macht. Nicht so, als ob erst der Unglückliche für das Glück aufnahmefähig würde. Das Glück ist vielmehr in sich selbst negativ: Es ist wesentlich Linderung, Beruhigung, Stillung von Schmerz. So ist es mehr als die bloße Abwesenheit von Schmerz und Unlust: Schmerz und Unlust bleiben als sich legende im Glück gegenwärtig.

Was die Liebe wesentlich unmoralisch macht, ist die in ihr gewollte Dauer der Lust. Eben damit wendet sie sich gegen das entscheidende gesellschaftliche Tabu, das die Lust nur als sporadische und regulierte anerkennt, nicht aber als die Grundlage menschlicher Beziehungen. In der Liebe ist die Dimension der Lust gewiß die Sinnlichkeit, als die einzig gebliebene Lustquelle innerhalb der Klassengesellschaft. Aber daß die Lust von der Sinnlichkeit ausgehend und mit ihr auch alle anderen Bereiche der Person und ihres Daseins ergreift, dadurch gerät sie in eine ganze Feindschaft mit der Normalität. Die Trennung von Sinnlichkeit und Verstand, Körper und Seele, Natur und Geist wird aufgehoben: Auch der Verstand, die Seele und der Geist des geliebten Menschen werden zur Lustquelle. Indem die

Erkenntnis lustbesetzt wird, verwandelt sie sich in eine totale Kritik der Normalität: eine Kritik, deren Anspruch und Recht sich nur aus der Lust selbst herleiten – nicht aus der richtigen Theorie und nicht aus der geschichtlichen Praxis. Wie die Aufhebung jener Trennung in der Liebe eine unmittelbare ist, so auch die Kritik und die Wahrheit, zu der sie kommt. Sie nimmt für sich, für zwei vorweg, was nur in der Allgemeinheit sich erfüllen kann. Wobei dies Vorwegnehmen und die Unmittelbarkeit die einzigen Formen sind, in denen es gegenwärtig überhaupt sein kann.

Für zwei: Auch die jeweilige Ausschließlichkeit und Treue der Liebe ist unmittelbar. Sie gründet in der Lustverminderung, die jede Teilung der Lust mit sich bringt.

Wenn die Liebe, in jedem Fall, ein »sentiment erroné« ist, so liegt der Irrtum nicht bei den Liebenden und auch nicht in der Liebe selbst. Vielmehr ist es ein Irrtum der Kultur selbst, welche Liebe und Lust (Sexualität) unentwirrbar verbunden hat. Prousts ganzes Werk bleibt – mit der entscheidenden Ausnahme einer ganzen Sphäre – im Banne dieser Verbindung. Die Sexualität wird zur Liebe: Sie ergreift nicht nur den Körper, sondern das ganze Wesen der begehrten Person; sie will nicht nur Lust, sondern dauernde Lust, volle Hingabe. Sie verlangt im Medium der Sexualität etwas, was nur im Medium des Geistes – und vielleicht auch dort nicht – geschehen kann.

Der eigentliche Gegenschlag gegen die Liebe: Die von der Liebe befreite Lust lebt in Prousts Werk nur in Sodom und Gomorrha, bei den Homosexuellen. Das Natürliche erscheint im Gewande des Widernatürlichen.

Die unbedingte Zusammengehörigkeit zweier Menschen verstößt gegen das Gesetz der Normalität. Der andere gehört notwendig auch anderen: Freunden, Verwandten, dem Beruf, der Geselligkeit. Alle diese Beziehungen sind Gefahrenquellen: In jeder kann er der Liebe verloren gehen. Die Treue, die dagegen schützen könnte, ist durch die Arbeitsteilung und durch Verträge bedingt. Sie schützt nur die Ehe, nicht die Liebe. Denn diese ist schon ihrem Ursprung nach mit der Ehe unverträglich. Sie gründet eben darin, daß man den anderen nicht und nie ganz hat, daß er immer ein Bedrohter und Verlorengehender ist. Der Besitz durch das normale Vertragswerk gesichert und allgemein anerkannt, macht aus dem geliebten Menschen ein Subjekt von Rechten und Pflichten: Er normalisiert das wesentlich

Unnormale. Aber er moralisiert auch das wesentlich Unmoralische. Die Liebe muß unmoralisch sein, weil die Moral das gesamte gesellschaftliche Dasein beherrscht, gegen das eben die Liebe zutiefst gerichtet ist. Sie will den anderen nicht als nützliches und erfreuliches Mitglied der Gesellschaft, teils seinem Beruf, teils seinen sonstigen Pflichten, teils dem Geliebten gehörig, – sie will ihn so, wie er in seinem Wesen ist, wie er außerhalb der Normalität ist. Die Lust hält keinen Stundenplan ein und gerät mit jeder Pflicht in Konflikt.

So auch mit der Erkenntnis und dem ihr verpflichteten Handeln. Die Liebe kennt immer nur ihre eigene Wahrheit und wird jeder anderen gegenüber gleichgültig. Sie nimmt für sich ein Glück vorweg, das nur als allgemeines Glück sein kann. Daher kann sie nicht glücklich sein: Sie setzt sich selbst ins Unglück, wie sie sich selbst ins Unrecht setzt. Die Normalität behält ihr gegenüber recht, weil in der Normalität die Ansprüche der Allgemeinheit und der besseren Zukunft aufgehoben sind.

Die Liebe trägt das Siegel dieser Unwahrheit und dieses Unrechts an sich. Aber wie die Schuld der Liebe zugleich ihre Unschuld ist, neben dem Negativen das Positive enthält, daß sie gegen eine schlechte Normalität protestiert und den Menschen in seinen schönsten Möglichkeiten haben will, so ist auch dieses Siegel zugleich ein solches der Wahrheit und des Glücks. Es hat die Gestalt der Sehnsucht, in der die von der Liebe ausgeschlossenen, ihr geopferten Inhalte und Erkenntnisse lebendig bleiben und ständig gegen sie ihr Dasein anmelden. Die Natur, die Menschheit, die Kunst, die Ferne, die Freiheit gehen in die Liebe ein und sprengen ihre Vereinzelung auf den einen geliebten Menschen. Albertine und ihre Freundinnen gegen die Weite und den Glanz des Meeres, die Sonnenunter- und -aufgänge, die Sonate und das Septett von Vinteuil, Elstirs Bilder, Venedig, die versäumten Aufgaben und Freuden spielen nicht bloß beiher: Sie sind ebenso der Inhalt der Liebe wie der Körper Albertines. Ja, dieser erscheint oft nur als ihre Staffage und Erinnerung: Er behält den Geruch des Meeres und die Farbe der Sonne in allen Poren. Jene größeren Inhalte machen es möglich, daß er so leicht vergessen wird. Und doch aufbewahrt wird: Die Temps retrouvé ist nichts ohne ihn. Zuletzt ist die Vereinzelung der Liebe, ihre Bindung an den einen geliebten Menschen, nur eine Rettung vor der Unerträglichkeit der Sehnsucht nach dem allgemeinen Glück.

Die »Liebesunfähigkeit« bei Proust gründet darin, daß der »Held« bei der Suche nach der Wahrheit verharrt. Er bleibt der Erkenntnis offen. Das letzte Opfer: das sacrificium intellectus, will er der Liebe nicht bringen. Damit aber versündigt er sich gegen die Liebe, die ohne dieses Opfer in einer Ordnung der Unwahrheit und Unvernunft nicht geschehen kann. Die großen Liebenden in der Literatur sind nicht sehr klug; sie sind beinahe dumm. Sobald der Erkenntnis die Bahn freigegeben wird, verschreibt sich der Mensch anderen Aufgaben als der Liebe: Sie wird unwichtig. Die Kategorien der Liebe, die in der Gegenwart Erfüllung haben will und nicht in einer erst zu schaffenden Zukunft, sind nicht die Kategorien der Vernunft; viel eher die der Unvernunft.

Die Liebe ist keine Gemeinschaft der Erkenntnis, überhaupt keine »geistige« Gemeinschaft. Solche Ansicht setzt eine harmonisierende, konformistische Auffassung vom Geiste voraus. Der Geist ist inmitten einer ungeistigen Normalität wesentlich destruktiv, weil die Wahrheit, um die es ihm geht, nicht innerhalb des Gegebenen liegt und nur durch seine Zerstörung realisiert werden kann. Die Liebe bleibt aber, bei all ihrem Kampf gegen die Normalität, darin ihr verfallen, daß sie das Glück in der Gegenwart haben will.

Lyrik nach Auschwitz

Zweifellos bildet die historische Erfahrung der nationalsozialistischen Barbarei den wichtigsten Bezugsrahmen der Gesellschaftskritik der Kritischen Theoretiker. Dies trifft auch auf Herbert Marcuse zu, obgleich er sich in seinen bisher bekannten Schriften nur selten explizit zu den Verbrechen der Nationalsozialisten äußert. Dort, wo Marcuse »Auschwitz« erwähnt, dient es ihm weniger als Synonym für die Einzigartigkeit und die Besonderheit des millionenfachen Mordes, sondern als Metapher für die höchstmögliche Stufe gewalttätiger Herrschaft in modernen Gesellschaften. In dieser Deutung wird die Gewalt der Vergangenheit erinnert, um auf die gegenwärtige und mögliche zukünftige gesellschaftliche Gewalt zu verweisen. Die Unterschiede in Organisation, Struktur und Ablauf des Vernichtungsprozesses im Nationalsozialismus thematisiert Marcuse nicht.

Die wenigen Passagen, in denen sich Marcuse direkt auf Auschwitz bezieht, stehen häufig in Verbindung mit Adornos Diktum, nach Auschwitz Lyrik zu schreiben sei barbarisch. Marcuse ließ diese kompromißlose Formulierung Adornos, die Widerspruch und Zustimmung gleichermaßen hervorrief, keine Ruhe. Immer wieder kehrte er zu dieser Textstelle aus Adornos 1949 verfaßtem Essay »Kulturkritik und Gesellschaft« zurück. In der Festschrift zu Adornos 60. Geburtstag beginnt er seinen Beitrag »Zur Stellung des Denkens heute« wie folgt: »Der Satz, nach Auschwitz noch Lyrik zu schreiben, sei barbarisch, ist schon überholt. ›Barbarisch‹ trifft nicht mehr das was geschieht« (*Zeugnisse, Theodor W. Adorno zum sechzigsten Geburtstag,* Frankfurt 1963).

Der hier erstmals veröffentlichte Text von 1978 ist ein weiterer Beleg für diese Position. Ausführlicher als in den bisher bekannten Arbeiten setzt sich Marcuse mit Adornos Diktum auseinander. Die ersten vier und die letzten drei Seiten des handschriftlichen 17-seitigen Skripts sind in englischer, die übrigen in deutscher Sprache verfaßt. Im Marcuse-Archiv ist der Text mit »Entwurf La Jolla, 1978« (HMA 560.00) vermerkt. Es bleibt unklar, mit welcher Absicht Marcuse diesen Text schrieb. Ein Vergleich von Marcuses Vortragsmanuskripten mit dieser Arbeit legt die Vermutung nahe, daß sie für eine Publikation gedacht war. Der Titel wurde vom Herausgeber gewählt.

Die Frage, ob nach Auschwitz Lyrik noch möglich sei, kann vielleicht beantwortet werden: Ja, wenn sie, mit unnachsichtiger Verfremdung, den Schrecken re-präsentiert, der war – und immer noch ist. Läßt sich dies auch von der Prosa behaupten? Sie ist der Darstellung von Realität stärker verpflichtet als die Poesie und hat es mithin schwerer, das Dargestellte zu verfremden – auf eine Weise zu verfremden, die noch mitteilbar ist, »Sinn hat«. Es gibt Schriftsteller, die dieses Ziel erreicht haben: Kafka, Beckett, Peter Weiss (in der *Ästhetik des Widerstands*).

Es geht dabei um mehr als die »tragische Erfahrung« einer Welt, in der Tod und Zerstörung, Grausamkeit und Ungerechtigkeit herrschen. In der tragischen Erfahrung des Leids liegt auch die Vision seiner Milderung: Das Schicksal, die Götter oder die Vernunft mögen vielleicht das letzte Wort behalten. (Selbst die griechische Tragödie wurde durch das Satyrspiel, das ihr folgte, kontrastiert.) Auschwitz jedoch, der ultimative Schrecken, kennt kein Schicksal, keine Götter, keine Vernunft, sondern zeigt die totale menschliche Freiheit: die Freiheit, den millionenfachen Mord anzuordnen, zu organisieren und durchzuführen. Daß die Menschen ihre Freiheit ebenso wirkungsvoll nutzen können, um ein solches Morden zu verhindern, muß die Geschichte erst noch beweisen.

Der ultimative Schrecken läßt sich nur re-präsentieren, wird nur dann Literatur, wenn er abgeschwächt wird. Das liegt im Wesen der ästhetischen Form – in der Sublimation, die aller Kunst zu eigen ist. Und ihre Negation, die Anti-Form, bleibt Literatur, während das Schreckliche fortbesteht.

Wie kann Literatur jenes Unmittelbare, das die Sublimation zerstört oder außer Kraft setzt, bewerkstelligen und trotzdem Literatur bleiben? Denn es ist die Unmittelbarkeit, die es zu bewahren gilt – als Ausgangspunkt jeglicher Vermittlung (als äußerste Wirklichkeit sperrt sie sich vielleicht gegen jegliche Vermittlung). Eine solche Unmittelbarkeit liegt im Schrei, der Verzweiflung, dem Widerstand der Opfer. Und sie wird nur in der Erinnerung bewahrt. In dem Maße, wie es der Literatur gelingt, die Erinnerung an diejenigen, die keine Chance hatten (und an die vielen Millionen, die keine Chance haben) zu bewahren und entfalten, hat sie auch nach Auschwitz noch eine Legitimation. Erinnerung ist ein Potential der (menschlichen) Subjektivität. Die Wende zur Subjektivität vollzieht sich unter spezifischen politisch-historischen Bedingungen: Immer noch sind diejenigen, die für Auschwitz verantwortlich oder mitverantwortlich waren, an der Macht, während die Linke offenkundig weiterhin ohnmächtig ist. Die Wiederentdeckung des Subjekts und der subjektiven Verantwortlichkeit könnte endlich den degenerierten Historischen Materialismus ablösen, der vor dem Problem subjektiver Verantwortlichkeit zurückschreckt, indem er nur die objektive Verantwortlichkeit von Kapital, Arbeit, Produktionsprozeß usw. in Rechnung stellt – Verhältnisse, die er zu eigenständigen Größen verdinglicht hat, hinter denen das menschliche Subjekt verschwindet. Wenn aber »die Verhältnisse« verantwortlich sind, was wird dann aus den Subjekten, die diese Verhältnisse hervorbringen und ertragen? Es sind die Subjekte, die die Verhältnisse verändern: Befreiung ist zunächst ein emanzipatorischer Prozeß in den Subjekten, bevor er als objektiver Prozeß zur Veränderung von Institutionen und politisch-ökonomischen Verhältnissen führt. Und dieser Prozeß umfaßt die gesamte geistig-seelische Struktur: das Bewußtsein und das Unbewußte, den Verstand und die Gefühle, die Triebe, die nach Objektivierung streben.

Die Behauptung, wir alle seien für Auschwitz verantwortlich, ist unsinnig, aber wir sind verantwortlich dafür, die Erinnerung an Auschwitz zu bewahren. Wir? Das sind all jene, die wissen, was geschehen ist und was immer noch in vielen Teilen der Welt geschieht; all jene, die wissen, daß kein historisches Gesetz den äußersten Schrecken perpetuiert. Warum aber sollen wir uns weigern, mit dem Schrecken zu leben? Weil es entgegen den Behauptungen des orthodoxen Marxismus nicht nur Mann und Frau gibt, die in Klassenverhältnissen leben und von einer bestimmten Produktionsweise geprägt sind, sondern weil es darüber hinaus Männer und Frauen gibt, d. h. »menschliche Wesen«, die in diesen Verhältnissen und gegen sie leben.

Um sie geht es im Kampf für die Befreiung, nicht um eine Klasse oder eine Bürokratie. Sie müssen sich (selbst) organisieren.

Subjektivität ist das Bestreben, die gegebenen (in einer Klassengesellschaft notwendigerweise repressiven) Lebensbedingungen zu überwinden, um mehr Freiheit, Lebensfreude und Gelassenheit genießen zu können. Insofern ist Subjektivität bereits »an sich« ein »politischer« Faktor. Spätestens seitdem Aristoteles den Menschen als *logos echon* bestimmte, hat die westliche Tradition Subjektivität auf Rationalität reduziert und mit Descartes im Ichbewußtsein angesiedelt. Es ist ein einsames Ich inmitten einer Welt voller Dinge, ein Ich, dem es furchtbar schwer fällt, mit anderen Ichs in Beziehung zu treten, Intersubjektivität zu entfalten. Hegel geht darüber hinaus, indem er das Subjekt als Geist versteht, der sich in Natur und Gesellschaft vergegenständlicht. Und die Phänomenologie sieht in der Transzendenz des Ichs das Wesen des Subjekts als Bewußtsein: ein Subjekt, das im Bereich des Denkens eingeschlossen bleibt. Aber die Transzendenz des (»reinen«) Bewußtseins ist nur die abstrakte, bereinigte Form eines politischen Prozesses in den Individuen, bei dem das Individuum die Gesellschaft, der es angehört, verinnerlicht und sich ihr stellt.

Die Wendung zur Subjektivität als Emanzipation ist nie und niemals Wendung zum Ich als Zentrum einer Privatsphäre, als »Einziges«. Vielmehr erscheint das Ich immer nur als besondere Manifestation eines Allgemeinen, das nicht nur seine Außenwelt, sondern auch seine Innerlichkeit konstituiert. Dieses Allgemeine (der »Umkreis« des Ich, der von ihm nicht zu trennen ist) ist das Gesellschaftliche, das seinerseits im Biologischen seine Wurzeln hat. Es ist die Freudsche Einheit von *Ego, Superego* und *Id* [*Ich, Über-Ich* und *Es*; Marcuse verwendet wiederholt die englischen Termini. Im folgenden werden diese durch die deutsche Entsprechung ersetzt. A. d. Hg.], die erst das Individuum ausmacht. In ihr ist das Über-Ich und ein »Teil« des Ich Repräsentant gesellschaftlicher Verhältnisse und Institutionen. Das Allgemeine setzt sich im Ich in den beiden polaren Schichten der Psyche durch: (1) im Über-Ich als die Gesellschaft; (2) im Es als die je verschiedenen Realisierungen der primären Triebe: Eros und Thanatos (Lebenstriebe und Todestrieb). Subjektivität ist so Allgemeinheit, und der Rekurs auf die Privatsphäre ist allemal Abstraktion. Diese Abstraktion ist nicht nur eine Sache des Denkens, sondern auch eine Verhaltensweise: Sie nimmt eine *gesellschaftliche Funktion* an. Im Kapitalismus war sie immer ambivalent: notwendige Schutzsphäre gegen die Entmenschung, Entindividualisierung des Lebens in den täglichen Tauschbeziehungen – aber auch Machtlosigkeit, den Einbruch der Tauschbeziehungen in die Privatsphäre zu verhindern.

Heute nähert sich die Macht der Tauschwerte über die Privatsphäre ihrer Vollendung: Identität des Individuums mit den Rollen, die es in der Gesellschaft spielen muß. Beispiel: die Liberalisierung der Sexualmoral. Sie unterwirft die Privatsphäre den Tauschbeziehungen: Sie tendiert dazu, den anderen oder die andere zum austauschbaren Objekt zu machen – repressive Entsublimierung. Eine wirkliche Befreiung der sexuellen Sphäre ist unvereinbar mit der repressiven Gesellschaft: Sie verlangt die Sublimierung der sexuellen zu erotischen Beziehungen, deren »Erweiterung« in eine gemeinsame Lebenswelt, Autonomie in Solidarität – Gemeinschaft als *Schicksal*. Wenn die große Literatur Sexualität zum Eros übersteigt, so ist diese Transformation nicht nur die aller Kunst eigene Sublimierung, sondern auch die Rebellion gegen die Einschränkung der Lebenstriebe in der Gesellschaft.

Heute wird die system-konforme, repressive Entsublimierung totalitär. In den mannigfachsten Formen schafft sie eine immer grössere *captive audience,* verurteilt, die Manifestationen der Unmittelbarkeit zu sehen, hören, fühlen. In der Literatur erscheint die Entsublimierung in der Verwerfung der *Form*. Die ästhetische Form verlangt, daß im Werk, als verbindlichem Zeugen der Wahrheit, das Allgemeine im Besonderen bewahrt ist. Diese wesentliche Qualität des Ästhetischen ist keineswegs nur das Diktat eines spezifischen historischen Stils, sondern in der transhistorischen Kraft der Kunst, eine im Alltag verschüttete oder nivellierte Dimension von Mensch und Natur freizulegen. Wo diese Dimension fehlt, bleibt das Geschriebene Privatangelegenheit, deren Veröffentlichung kein anderes Rationale hat als das einer Privattherapie.

Sie bietet sich an als Ausweg aus dem Grauen und der Ohnmacht des Einzelnen in der Gesellschaft. Aber die Flucht in die Unmittelbarkeit trifft im Erlebnis des Ichs immer auch die Gesellschaft, die es zum Ich macht. Sie erscheint im Werk nicht direkt, als das was sie ist, sondern eher als der *Umkreis*, in den hinein das Wort geschrieben ist. In der Regression auf das unmittelbare Ich ist dieser Umkreis (quantitativ und qualitativ) reduziert auf die Erlebnissphäre des Ich. Das Aussen ist auf das Innen zentriert: Nicht was geschieht ist formgebend, sondern wie Ich das Geschehende erlebe. Was im klassischen Briefroman noch möglich war (Werther!): Subjektivität als ästhetische Formgebung ist heute fragwürdig. Dichtung und Wirklichkeit offenbaren am extremen Fall diese Entwicklung: Werthers Selbstmord war noch Herausforderung an die Gesellschaft; Jean Amérys ist Verzweiflung, für die es kein Morgen mehr gibt.

Wenn anders Literatur noch die ihr eigene Dimension der Wahrheit bewahren soll, wenn anders sie noch den Bruch mit dem herrschenden Bewußtsein und Unbewußten darstellen soll, dann kann das Subjekt in ihr nur als *Opfer* der bestehenden Gesellschaft erscheinen, das in seinem Dasein die Weigerung und die Hoffnung verkörpert. Der Autor registriert, was dem Subjekt angetan wird. Diese Arbeit ist nicht die des privaten Ichs und seines unmittelbaren Erlebens; vielmehr »öffnet sich« das Ich dem Allgemeinen, der Realität. Und die Realität, gemessen an ihrem Extrem, ist Auschwitz – als Wirklichkeit und als Möglichkeit. Dann scheint sie aber nicht darstellbar, weder im Realismus noch im Formalismus. Denn Bild und Wort beschwören schon das Unsagbare und Unvorstellbare.

Das Bewußtsein dieser Tatsache motiviert den Kampf der Avantgarde gegen die Form, gegen das »Werk«. Aber die Produktion von Nicht-Werken verzichtet auf die der Form inhärenten Gehalte, auf ihre Wahrheit. Solche Nicht-Werke haben daher oft einen spielerischen, unverbindlichen, artifiziellen Charakter (contra Adorno!): Sie sind genau das, was sie nicht sein wollen: abstrakt. Sie sind substanzlos: Was sie zur Literatur macht, sind Wörter und deren Anordnung – der Stil, also auch wieder genau das, was sie nicht sein wollen! (*Parallele:* die analytische Philosophie)

Vielleicht läßt sich die mögliche Gegenwart von Auschwitz in der Literatur nur negativ andeuten: Der Autor muß es sich verbieten, Trivialitäten zu schreiben und beschreiben – und zu diesen Trivialitäten gehört auch manches von dem, was er denkt, tut oder nicht tut. Er kann nicht die Teile seines Körpers und deren Aktivitäten besingen – nach dem, was Auschwitz aus dem Körper gemacht hat. Er kann nicht sein, und anderer, Liebesleben schildern, ohne daß die Frage geistert, wie Liebe überhaupt noch möglich ist, ohne den Haß gegen die, die sie fragwürdig machen. Er kann auch nicht Elend und Arbeitskämpfe in seine Geschichte als »Episoden« einstreuen: Im Hinblick auf die in ihnen steckende Verzweiflung wäre eine solche Behandlung zutiefst unwahr.

Und doch wäre eine diese Tabus achtende Literatur nicht ohne Hoffnung. Die Hoffnungslosigkeit der Kämpfenden reflektiert sich in der Kraft des Autors, in der Darstellung des Grauens noch etwas von dem zu vermitteln, was der Realität auch heute noch widersteht. Aber die ästhetische Form sperrt sich gegen eine *unmittelbare* Repräsentation des Widerstands und der in ihm immer von neuem lebendigen Kräfte, alle Niederlagen überdauernd: der Wille zum Leben – und die Notwendigkeit, das zu zerbrechen, was diesen Willen unterdrückt.

Die eben angedeuteteten Tabus sind nicht von außen an die Literatur herangetragen. Sie gründen in der *Mimesis*-Funktion der Literatur, die Realität zu re-präsentieren im Lichte ihrer die Hoffnung bewahrenden Negativität. Aus dieser ist heute Auschwitz nicht wegzudenken und abzuschreiben. Auch kann es nicht dargestellt werden, ohne daß das Unsublimierbare durch die Formgebung sublimiert würde. Es kann nur gegenwärtig sein in der Unfähigkeit der Menschen rollenfrei miteinander zu sprechen, zu lieben und zu hassen, ohne Angst, ohne die Furcht vor dem Glück. Und diese Unfähigkeit muß als das Allgemeine im Besonderen, als das Schicksal der Realität erscheinen – nicht als persönliches Pech, persönliche Begebenheit, Ungeschick, psychologische Störung.

Nur die Sublimierung des persönlichen Erlebnisses kann dieses in die Dimension bringen, in der die Realität als Allgemeines im Besonderen erscheint. Das Unmittelbare ist von der besonderen Individualität nicht zu trennen; alles Andere bleibt »draußen«. Das Grauen wird, personalisiert, zum privaten Ereignis, das aber, da es Literatur sein soll, doch der Veröffentlichung bedarf. Und es wird veröffentlicht und verkauft, weil gerade dieses Wegsehen vom wirklichen Allgemeinen, von der Realität »draußen«, dem Bestehenden ein gutes Gewissen [verschafft]. Man hat beim Lesen [dessen], was und wie sie es im Bett machen, noch unverdorbenes Vergnügen.

Es scheint, daß nach Auschwitz Literatur zwar noch möglich, ja sogar notwendig ist, daß sie aber kein Vergnügen mehr machen darf – wenigstens keinen ästhetischen Genuß (obwohl noch pornographischen). Das heißt nicht, daß Literatur, die keinen ästhetischen Genuß mehr macht, deswegen schon authentisch ist. Die armseligen Nachzügler der Dadaisten und Surrealisten machen keinen ästhetischen Genuß und wollen keinen machen, ohne daß sie damit schon das Grauen der Realität beschwören. Die Destruktion der Form, die Ablehnung des (»organischen«) Werks reflektiert nur in sehr beschränkter Weise die reale Destruktion, die in der Welt herrscht, in schlechter Abstraktion, ohne die Vision der Hoffnung.

Die entsublimierte Literatur bleibt Literatur, d. h. sie ruft den Genuß hervor, der der ästhetischen Form inhärent ist. Die klassische (organische) Form (das »Werk«) fordert die Verwandlung des Gegenstandes, des Inhalts. In der entsublimierten Literatur wird der Inhalt nicht mehr durch die Form verwandelt, nicht mehr in die Form aufgenommen. Diese verselbständigt sich, reduziert sich auf den *Stil*. Dieser ist aufs vorzüglichste gekonnt, meistert alle Schichten der Sprache vom Alltagsjargon, Dialekt, Verwaltungsdeutsch bis zur höchsten Hochsprache. Er »verschönert« die Beschreibung eines Sexualakts sowie die eines Mordes, die Erscheinung Hitlers sowohl wie die Lenins...

Die Macht des Stils indiziert die Dürftigkeit, ja Gleichgültigkeit des Inhalts. Dieser ist nicht vom Stil geformt: Er ist vielmehr in seiner Unmittelbarkeit belassen: Episoden aus einem Ganzen, das selbst nicht gegenwärtig wird. Oder das nur als persönliche Umwelt der »Helden«, ohne Transzendenz, ohne die das wirkliche Allgemeine konstituierende Sublimierung. Wo die Realität jenseits der privaten Umwelt für das Werk konstitutiv wird (z. B. der Sowjetstaat der ersten Periode in den »Geschichten aus der Produktion«) desavouiert die Wirklichkeit die Schönheit des Stils. Die Menschen sprechen in perfekten Versen, aber sie versifizieren eine schon zur Ideologie erstarrte Lehre und eine grauenhafte Realität, die die Verse ihres Ernstes beraubt. Beispiel: Das Stück wird zu einer Hymne auf die Maschine, der sich der Mensch opfern muß. Verdinglichung des Kommunismus.

Es gibt offenbar eine Realität, die sich der Formgebung widersetzt, die nicht zum Gegenstand der Literatur werden kann, ohne verfälscht, vermindert zu werden – und das ist genau die Realität, die in der Literatur erinnert werden soll. Dann gäbe es eine innere Grenze der Literatur: Nicht jeder Stoff wäre »literaturfähig«, nicht jeder Stoff formfähig. Wo liegt die *Legitimation* für diesen Imperativ?

Wie die Literatur ihre innere Wahrheit hat, so auch ihre innere Moral. Die der Literatur wesentliche kritische Transzendenz bindet die Literatur an das, was die Unterdrückung den Menschen antut, an die Erinnerung des Gewesenen, das doch wieder sein kann. Aber die Realität von Auschwitz kann nicht transzendiert werden, it is *point of no return*. Die Literatur kann sie nur gebrochen und ausweichend erinnern: in der Darstellung der Menschen und Bedingungen, welche nach Auschwitz geführt haben, und des verzweifelten Kampfes gegen sie. Die Darstellung bleibt der verwandelnden Mimesis verpflichtet: Die brutalen Tatsachen werden der Formgebung unterworfen, Reportage und Dokumentation werden zum Rohmaterial für Gestaltung durch kreative Liebe (Prinzip Hoffnung) und kreativen Haß (Prinzip Widerstand). Die beiden Prinzipien der Gestaltung bilden eine (antagonistische) Einheit. Sie ist das politische Potential der Kunst ...

Dieses Prinzip verbietet die Trivialisierung und Privatisierung der Literatur. Es erlaubt nicht die Zentrierung des Werks auf das Fressen oder die Sexualität ... Gerade das politische Potential der Kunst fordert die Gestaltung eines *Allgemeinen* im Besonderen, das über die »Naturalsphäre« hinausgeht.

[Die folgenden Passagen sind Notizen und Anmerkungen Marcuses, die er anscheinend noch in den Gesamttext einzubinden beabsichtigte. A. d. Hg.]

Doch die Kunst kapituliert nicht nur angesichts des äußersten Schreckens, sondern auch angesichts der Extremsituation an sich. Ein aufschlußreiches Beispiel etwa ist die Unvereinbarkeit von Kunst mit der Darstellung extremer Manifestationen des Körpers (wie Ficken, Onanieren, Erbrechen, Entleeren des Darms etc.) Dieses Tabu ist nicht einer mehr oder weniger puritanischen und kleinbürgerlichen Moral geschuldet, sondern leitet sich aus dem Wesen der ästhetischen Form, ihrer wesentlichen Schönheit, her. Die Avantgarde zelebriert die Freiheit, kleinbürgerliche Vorurteile und Hemmungen bloßzustellen, der Lächerlichkeit preiszugeben, gelangt damit aber nicht über den Reiz des Pornographischen hinaus. Nicht daß Extremsituationen widerwärtig, häßlich seien oder gar Perversionen darstellten (das Gegenteil mag der Fall sein), doch sie werden in etwas verwandelt, was sie nicht sind: »Literatur«, und der Autor übernimmt dabei die Rolle des Voyeurs.

Lessing zufolge liegt der äußerste Schrecken außerhalb der Sphäre der bildenden Künste, da seine Darstellung gegen das Gesetz der Schönheit, dem die Kunst unterliegt, verstößt. Dieses Gesetz gilt auch für die Literatur, allerdings liegt es in ihrer Macht, den äußersten Schrecken, in vermittelter Form, zu repräsentieren – d. h., wenn er im Kontext des Werkes als transitorisch erscheint, als Moment in der »Story«, aufgehoben im Ganzen. Nur kraft ihrer Vergänglichkeit läßt die Darstellung des äußersten Schreckens den Genuß des Werkes, das Vergnügen an seiner Rezeption zu.

Im Falle von Auschwitz scheint keine solche ästhetische Sublimierung vorstellbar. Das Ganze im Kontext dessen Auschwitz als transitorisch erscheinen könnte, ist selbst schon eines des Schreckens, und die Verfügbarkeit immer effizienterer wissenschaftlich-technischer Tötungsmethoden weist eher auf die Möglichkeit einer Wiederholung denn des Vergehens hin.

Wenn der historische Imperativ des Überlebens lautet, daß die Erinnerung an Auschwitz in der Kunst bewahrt werden soll, und wenn Kunst notwendigerweise dem Gesetz der Schönheit folgt, dann müssen wir die Vorstellung von einer Kunst, die nicht »genossen« werden kann und sollte und trotzdem an Bewußtsein und Unbewußtes des Rezipienten appelliert, gelten lassen. Auslösung von »mauvaise conscience«? Der Drang, die Dinge zu wissen, die weder im wissenschaftlichen noch im alltäglichen Denken und Sprechen enthüllt werden und die dennoch

[An dieser Stelle bricht der Text ab. A. d. Hg.]